ミクロ
マクロ

MICRO
ECONOMICS

MACRO
ECONOMICS

はしがき

　本書はこれから初めて経済学を学ぶ人のために書かれた，ミクロ経済学とマクロ経済学の入門書です。現代の経済学はミクロ経済学，マクロ経済学，そして計量経済学という3つの土台に基づいて成り立っています。そのため，多くの大学の経済学部ではこれら3つの科目が必修科目に指定され，学生は単位を取得しないと卒業できません。では，これらの科目でどのようなことを学ぶのか，簡単に見ていきましょう。

　まずミクロ経済学は消費者1人ひとりの，あるいは生産者1人ひとりの行動を理論的に分析する学問です。場合によっては政府が登場することもあります。消費者が自分の満足度がもっとも高くなるよう財を購入するにはどのようにすれば良いか，生産者はどのように生産量を決定するのか，など1人ひとりの行動に注目します。その上で，人々が幸せになるためにはどのような制度や政策が必要かを考えるのがミクロ経済学です。

　次にマクロ経済学は失業や景気循環などの経済現象を分析したり，財政政策や金融政策の効果を分析したりする学問です。一国の経済規模はどう決まるのか，経済成長を実現するにはどうすればよいのか，などの疑問に対し，マクロ経済学は答えを見出します。ミクロ経済学とは違い，マクロ経済学では経済全体で集計されたマクロ経済変数，例えば物価や失業率，GDPの関係に注目します。そのため，「ミクロ経済学は1本1本の木を観察し，マクロ経済学は森を観察する学問である」ということがあります。ミクロ経済学とマクロ経済学はお互いに独立していたり，対立していたりするわけではなく，経済の動きを理解するためにはミクロ経済学とマクロ経済学の両方をしっかりと学ぶことが重要です。

　最後に計量経済学は統計データを用い，ミクロ経済学とマクロ経済学で得られた理論的な結果が現実の経済にあてはまるのかを検証する学問です。ミクロ経済学とマクロ経済学で得られた経済理論がいかに洗練されていても，それが

現実の経済現象をうまく説明できなければ，理論の価値は小さくなってしまいます。また近年はパソコンの性能が向上したことで，大容量で複雑なデータも扱えるようになってきており，その重要性はますます高まっていると言えるでしょう。本書では計量経済学は扱いませんが，本書と並行して，計量経済学の入門書も読み進めることをぜひお薦めします。

現代の経済学には多くの分野がありますが，どれも土台はミクロ経済学とマクロ経済学，そして計量経済学の3つです。たとえば「産業組織論」や「国際貿易論」はミクロ経済学と計量経済学を基にしていますし，「財政学」や「金融論」の土台はマクロ経済学と計量経済学です。つまり，皆さんが今後，経済学のどんな応用分野を勉強するのであろうと，ミクロ経済学，マクロ経済学，計量経済学の全てを活用することになります。その意味で，基礎となるこれら3つを身に付けておくことがとても重要です。

本書は，ミクロ経済学とマクロ経済学を学ぼうとする皆さんが初めの一歩でつまずくことがないよう，可能な限り分かりやすい解説を心がけています。しかし，理論的な考え方に慣れるまでは内容が難しく感じられることもあるはずです。そのようなときは，あわてず，時間をかけてゆっくりと本書を読み進めてください。

最後に本書の出版にあたり，ご尽力いただいた税務経理協会の加藤勝彦氏と佐藤光彦氏に心より感謝申し上げます。

2022年7月吉日

池田　剛士

土橋　俊寛

目　　次

第2部　マクロ経済学

第1部
ミクロ経済学

第1章

経済学の考え方

第1章ではまず，歴史をひも解きながら，経済学の基本的な考え方について説明します。その後，経済学の議論の中心になる「市場」を例にして，経済学のアプローチを一緒に体感します。

1.1　さぁ，冒険に出かけよう！

あなたが今この本を読んでいるのは，きっと「経済学を勉強したい」と思っているからでしょう。では，1つ質問です。あなたはなぜ経済学を勉強しようと思ったのでしょうか？　もしかしたら，「お金持ちになりたいから」，「株で儲けたいから」という答えが返ってくるかもしれません。後で「こんなはずじゃなかった」とがっかりしないために，最初にお断りしておきます。この本のどこにも，勉強した人だけが得をするお金儲けの秘伝なんて出てきません。経済学の目的はお金儲けの方法を解き明かすことではないからです。

では，経済学を勉強するとどんな良いことがあるのでしょうか。一言で言うと，経済学はあなたに「世の中を見る目」を与えてくれます。例えば経済学では，限られたものをどう使い，どう分け合えば，皆が幸せになれるのかを考えます。他にも，国や社会が長期的かつ安定的に発展するためには，どうすれば良いかを考えます。そのために，どんな世の中のしくみを作れば良いかを解き明かすのが，経済学の大きな目標です。世の中のしくみを考える経済学を勉強すれば，「世の中を見る目」が手に入るというわけです。

経済学を勉強して「世の中を見る目」を手に入れたら，今までよりも深く世

の中を理解できるようになります。先ほど，この本にはお金儲けの秘伝は載っていないとお話ししましたが，世の中を深く理解できればお金儲けにも活かせるでしょう。それどころか，あなたの思い描く「人生の成功」がどんな形でも，きっとそれを叶える強力な武器になるはずです。

　ここまで読んで「経済学っておもしろそう」と思った方，この本で一緒に経済学の世界を冒険しましょう。読み終わる頃には，今までと世界の見え方が変わっているはずです。

1.2　望ましい世の中を作るには

善い行ないが良い世の中を作るとは限らない

　経済学で「世の中を見る目」を手に入れたら，様ざまなことの役に立つというお話をしました。逆に世の中のしくみを見誤ると，思わぬ大失敗を招くこともあります。それを理解するために，著者が学生時代に先生に教えていただいた話をしましょう。

　ある所にサトウキビを作っている村がありました。でも，収穫量は少なく，村人たちは貧困に喘いでいました。あるときこの村に，心優しく優秀な農業技師がやってきました。彼が自分の技術を惜しみなく伝えた結果，サトウキビの収穫量は飛躍的に増えました。村人たちの感謝に見送られ，彼は村を離れました。数年後，ひさしぶりに訪れた村で，彼が見たものは何だったでしょうか。残念ながら，そこに豊かになった村人たちの笑顔はありませんでした。もっと言うと，村自体がありませんでした。一体何が起きたのでしょう？

　実は，村人たちは地主から借りた畑でサトウキビを栽培していました。収穫量が増えたことで，一時は村人の生活も上向きました。でも，利益のほとんどは地主の懐に入っていたのです。大金を得た地主は，サトウキビ栽培をやめて，もっと儲かるエビの養殖を始めました。エビの養殖はひと度施設を作ってしまえば，あとはそれほど労働力を必要としません。だから村人たちは職を失い，村がなくなってしまったというわけです。

　農業技師は心から村人の幸せを願い，彼の技術は本物だったにも関わらず，何故こんなことが起きてしまったのでしょうか。それはこの農業技師が「世の中を見る目」を持っていなかったからです。残念ながら，この世の中では善い行ないが皆にとって良い結果を招くとは限りません。社会は複雑なネットワークです。そのしくみを見誤ると，今回のような悲劇だって起きてしまいます。

高度な社会システムを作るだけではダメ

　善い行ないが良い結果を招くとは限らないことを教えてくれるもう 1 つの例として，1714年にマンデヴィルが書いた『蜂の寓話』のあらすじを紹介します。「ある蜂の巣にたくさんの蜂たちが住んでいました。蜂の巣は高度な社会システムを持ち，人間の世界と同じようにたくさんの蜂が働き，たくさんの商品が生産されていました。でも，ぜいたく三昧の蜂たちは，詐欺や不正など，あの手この手で私腹を肥やそうと企んでいます。やがて詐欺や不正は非難の対象になり，蜂たちは互いの欺瞞を咎めあうようになりました。それを聞いた神さまは，蜂たちの心を清らかに変え，巣の中から欺瞞が一掃されました。蜂たちは慎ましやかで堅実な生活を送るようになったのです。すると，途端に物は売れなくなり，仕事もなくなって，瞬く間に巣は寂れてしまいました。」

　蜂の巣がうまくいかなくなるまでに起きたことは，今はそれほど重要ではないので省略します（興味のある方はぜひ『蜂の寓話』を読んでください）。ここで注目したいのは，このお話が「悪徳が国を豊かにする」と解釈されて，かなりの物議を醸したことです。でも，「善い行ないで世の中は良くならないから自分勝手に生きれば良い」と結論するのは早計です。このお話のポイントは，蜂たちの行動が変化したことで，従来の巣のシステム（＝世の中のしくみ）に馴染まなくなったことだと思います。要するに，いくら高度な社会システムを整えても，人々の性格や行動と馴染まなければ，逆に悪い結果を招きかねないということです。

1.3　経済学の歴史

経済学の産声

　以上の2つのお話しは、「望ましい社会を実現するためには、人びとが善い行ないをするだけでは不十分だし、社会のシステムを整えるだけでも不十分」ということを教えてくれます。大切なのは、人びとの行動と社会のしくみの調和です。

　でも、私たち人間の行動と調和した社会のしくみとは、具体的にどんなものなのでしょう。それを理解するため、一緒に経済学誕生の瞬間にタイムスリップしてみたいと思います。あなたは次の写真の人物が誰か分かりますか？

図1.1　経済学の父

　正解は**アダム・スミス**です。中学校や高校の教科書でもおなじみですよね。1776年にスミスが『**国富論**』を出版したことが、近代経済学の誕生のきっかけになりました。1つの学問を創り出すほどの本に、どんなことが書かれているのか気になりませんか？

　『国富論』は全 5 篇にわたる大著で，たくさんの示唆に富む主張がなされています。その中から特に大事なものを選ぶなら，「1 人ひとりが利己心にしたがって行動すれば，市場がそれを望ましい世の中を実現する力に変えてくれる」という主張になるでしょう。

　この主張を「自分勝手にふるまうことは良いことだ」と解釈する人が少なくありません。でも，それは大きな誤解です。スミスは利己心を人間なら誰しもが持つ本能のようなものだと捉えているだけで，それ自体が良いものだとは言っていません。先ほどの主張を，もう一度よく読んでください。利己心が良いものなんて一言も書かれていませんよね。正しくは，「利己心にしたがった行動と市場の組み合せが望ましい世の中を作る」と読まれるべきです。

　また，利己心という言葉の解釈にも注意が必要です。スミスはもう 1 つの著書『道徳感情論』の中で，他者への共感（つまり，ある種の利他心）もまた人間の本能だと主張しています。

　実は，スミスは匿名で慈善団体に多額の寄付をしていました。きっと彼は恵まれない人の幸せを，自分の幸せのように感じられる人だったのでしょう。皆さんの中にも，一生懸命働いて貰ったお給料で大好きな人にプレゼントを贈った経験がある人は多いと思います。それはきっと大好きな人の笑顔が，自分のことのように嬉しいからではないでしょうか。この感情は，「他者への共感を通じて自分の利己心が満たされた」と捉えられそうです。このように，スミスの利己心は「（他者に共感できる人が）自分の幸せを願う心」と考えられるのではないでしょうか。

かくて経済学は生まれり

　これまでの議論をもとに，先の『国富論』の主張を思い切りかみ砕いて，書き直してみましょう。スミスは要するに「1 人ひとりが自分の幸せを求めて行動すれば，望ましい世の中が実現する」と主張しています。ただし，それが実現するには 1 つ条件があります。それは，「世の中に市場というしくみが整っていること」です。逆に言えば，市場のしくみさえ整えれば，それが私たちの

本能ともいえる利己心と調和して，望ましい世の中が実現するというわけです。ここで先ほどの農業技師のお話を思い出してください。他の人のために善い行ないをしても，それが巡り巡って悪い結果をもたらすこともあり得ます。それにも関わらず，他者を思いやるどころか，自分の幸せだけを追い求めても皆が幸せになれる。そんな夢のようなシナリオを実現してくれるのが，市場というしくみです。

　スミスの主張は多くの人の関心を集め，『国富論』に書かれたことをもっと知りたいという人たちが出てきました。また，彼の主張をもとに新たな主張を展開する人たちも現れました。その中には当然，スミスの主張に全面的に賛成できないという人たちもいました。多くの人たちが『国富論』を契機に様ざまなことを考え，議論を積み重ねる中で，経済学が生まれました。そのきっかけを作ったスミスは，今日では経済学の父と呼ばれています。

ミクロ経済学

　たくさんの議論が積み重ねられる中で，経済学は様ざまに枝分かれしていきました。この本の前半で勉強する**ミクロ経済学**は，スミスの主張に賛同し，その考えを最も色濃く受け継いだ人びとによって紡がれてきました。その意味では，経済学の王道とも言えるでしょう。

　例えるなら，ミクロ経済学では現実世界によく似た「社会のプラモデル」を作り，それを様ざまな角度から眺めることで，世の中を理解しようとします（この点は本書の後半で学ぶマクロ経済学も同様です）。正確には，この「社会のプラモデル」は，プラスチックではなく数学を使って作られるので，数理モデル（もしくは単にモデル）と呼ばれます。また，モデルを作ることをモデル化と呼び，モデルを様ざまな角度から眺めることをモデル分析と呼びます。

　モデル分析なんて難しそうと思った人は少なくないと思います。でも，実際に勉強してみると，意外と簡単だし面白いと感じられるはずです。また，プラモデルをいくら眺めても，現実の世の中は理解できないと思った人もいるでしょう。確かに，分からないことも多いです。でも，モデル分析によって初め

て分かることもまた，たくさんあるのです。それを実感するために，実際に経済学のモデルを一緒に作ってみましょう。

1.4　市場の「プラモデル」

市場とは何か？

すでに述べたように，『国富論』で展開された市場の議論が，経済学誕生のきっかけとなりました。だから，あなたと最初に作りあげる経済学の「プラモデル」の題材には，この市場を選びたいと思います。市場のモデルを眺めまわすことで，『国富論』の主張をより深く味わえることを，一緒に体験しましょう。

まずは，経済学における市場（しじょう）という言葉の意味を，はっきりさせておきたいと思います。簡単にいうと，市場とは「売りたい人と買いたい人が集まり，効率よく取引を行なうための場所」のことです。勘違いされやすいのですが，この「場所」というのは地理的な場所を伴う必要はありません。例えば，豊洲市場は東京都の江東区に実在しますが，地理的には存在しない市場もあるということです。その際たる例が，東京外国為替市場です。実は，そんな場所は東京都内のどこにもありません。もちろん東京ディズニーランドのように，実は千葉県にあるというオチでもありません。東京外国為替市場とは，「日本時間の日中に，東京を中心とした参加者の間で，インターネットや電話などを使って，異なった通貨を円滑に取り引きするしくみ」を指す言葉です。要するに，取引を円滑にする社会のしくみそのものを，便宜的に「場所」と表現しているのです。

市場の登場人物

さて，経済学における市場が理解できたところで，早速市場をモデル化していきましょう。あなたが今欲しい商品を1つ思い浮かべてください。それを取引する市場を考えていきましょう。

まずは「プラモデル」の登場人物の紹介です。売りたい人と買いたい人が集

まる場所が市場だったので，市場にはこの2種類の人びとが存在します。経済学では，商品を作って売りたい人を**生産者**と呼びます。一方，商品を買いたい人を**消費者**と呼びます。経済学では，洋服や食べ物のような形のある商品を**財**，医療や音楽コンサートなど形のない商品を**サービス**と区別することもあります。市場をモデル化すると言われたときは，スケールが大きすぎて複雑そうと思ったかもしれません。でも，私たちの市場のモデルの主役は消費者と生産者だけです。後の章では，**政府**という名脇役もしばしば登場しますが，それでもたったの3種類です。最初に想像したよりは簡単そうだと感じた人が多いのではないでしょうか。

　ここからは市場の主役たちをモデル化していきます。消費者と生産者のキャラクター設定をするイメージです。現実の消費者や生産者は色々なことを考えて経済活動を行なっていますが，まずはその本質をうまく抜き出して，思いきり単純化しましょう（よりリアルな消費者や生産者は第3章で考えます）。

消費者のキャラ設定と需要曲線

　まずは消費者をモデル化します。消費者が市場で商品を買うときに抱く最も強い気持ちは「お値打ちなら買いたい」ではないでしょうか。すごく欲しいものでも値段が高すぎると買わないだろうし，それほど欲しくないものを安いからつい買ってしまった経験がある人も多いでしょう。私たちの市場のモデルにおける消費者たちは，このような「高ければいらないけれど，安いなら欲しい」という気持ちを持っているとします。

　このような気持ちを持った消費者が集まった市場では，価格に応じて購入量が変化します。安くなるほど買いたい人は増えるし，中には1人でたくさん買いたい人も出てくるからです。経済学では，このような「実際にお金をはらって商品を買おうとする気持ち」を**需要**と呼び，それにより買われる量を**需要量**と呼びます。すると，「お値打ちなら買いたい」という先の消費者の気持ちは，「市場における需要は，価格が低いほど大きくなり，価格が高いほど小さくなる」と言い換えることができます。

　このような消費者の気持ちは，図で表すと便利です。縦軸に価格，横軸に需要量をとります。例えば，ある商品の価格が100円のとき，消費者たちが合わせて80個の商品を買おうとするとしましょう。この状況は下図のA点として表せます。

図1.2　需 要 曲 線

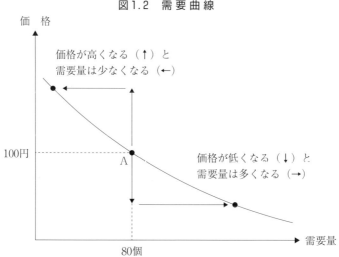

　では，A点より価格が高くなると何が起こるでしょう。当然，需要が減るので，需要量の点は左側に移るはずです。よって，A点より高い価格では，需要量の点は必ずA点の左上に位置します。つまり，「価格が高いほど，需要量は少なくなる」という消費者の気持ちは，「図の上側の点ほど，左側にくる」ことに対応します。同様に，「価格が低いほど，需要量が多くなる」という消費者の気持ちは，「下側の点ほど，右側にくる」ことに対応します。すると，それぞれの価格における需要量の点を繋いだときに，自然と右下がりのグラフが姿を現します。これを経済学では**需要曲線**と呼びます。

　多くの教科書では，需要曲線は価格と需要量の関係（いくらならいくつ欲しいか）を表す右下がりのグラフとだけ説明されています。でも，単にそれを暗記するのではなく，需要曲線には消費者の気持ちが反映されていることを理解

してください。実際に，先ほどの議論で「右下がり」という需要曲線の形状の決め手になったのは，「高ければ要らないけど，安いなら欲しい」という消費者の気持ちでした。言うなれば，需要曲線こそが，市場における「消費者のプラモデル」です。

生産者のキャラ設定と供給曲線

　次に，市場におけるもう1人の主役の生産者をモデル化します。文脈にもよりますが，生産者はほとんどの場合**企業**です。では，企業は何を考えて生産や販売を行なうのでしょうか。様々なことを考えていると思いますが，「儲けたい」という気持ちが一番強いのではないでしょうか。もちろん，目先の利益よりも，社員やお客さんの幸せを考えている企業もあるでしょう。しかし，そんな企業も儲からなければ倒産してしまいます。なので，まずはこの儲けたい気持ちに着目しましょう。

　他の条件が同じなら，高く売れるほど企業は儲かります。だから，価格が高いほどたくさん作って売ろうとするはずです。逆に，安くしか売れないなら，儲からないので生産を控える企業も出てくるでしょう。このような企業が商品を売りたいと思う気持ちを**供給**と呼び，実際に売られる量を**供給量**と呼びます。すると，企業の儲けたい気持ちは，「高い価格で売れるほど供給が増す」と言い換えられます。

　この言い換えにより，消費者のときと同様に，企業の気持ちを図で表せます。縦軸に価格，横軸に供給量をとりましょう。例えば，価格が100円のときには，市場に集まった企業が合わせて80個の商品を売りたがるとします。この状態は図1.3のA点として表せます。

　A点より価格が上がるほど，売れたときの儲けが大きくなるので供給量は増えるでしょう。よって，供給量の点はA点の右側に移動します。逆に，価格が下がるほど，儲けが小さくなるので供給量は減るでしょう。このとき，供給量の点はA点の左側に移動します。要するに，供給量の点は価格が低いほど左下に，価格が高いほど右上に位置します。すると，様々な価格における供

図1.3　供 給 曲 線

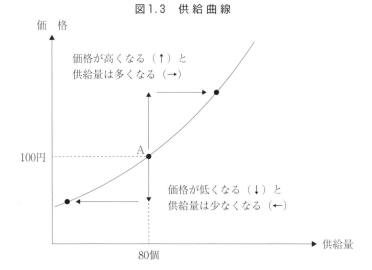

給量の点を繋ぎ合わせたときに，自然と右上がりのグラフが得られます。この
グラフは**供給曲線**と呼ばれ，価格と供給量の関係（いくらならいくつ売りたい
か）を表します。

　供給曲線にも，「高ければ売りたいし，安ければ売りたくない」という生産
者たちの儲けたい気持ちが反映されていることに注意してください。需要曲線
が「消費者のプラモデル」と見なせたように，供給曲線は「生産者のプラモデ
ル」と見なせます。

均衡価格と需給均衡

　市場の主役たちの「プラモデル」が完成したので，いよいよ本題の「市場の
プラモデル」作りに移りましょう。市場は消費者と生産者が出会い，取引をす
る場所でした。だから，消費者の気持ちを表す需要曲線と生産者の気持ちを表
す供給曲線を，1つの図にまとめてみましょう。図1.4を見てください。こ
れが私たちの「市場のプラモデル」です。注意して欲しいのは，これはある特
定の商品の市場を表しているということです。実際には，商品の数だけこの図

のような市場が存在します。市場の2人の登場人物の気持ちは，片や右下がり，片や右上がりのグラフとして表されます。この相反する気持ちは，市場の中でどのような「化学反応」を起こすでしょうか。先に結論を述べましょう。市場では最終的に，2つの曲線の交点に対応した価格と取引量が実現します。

図1.4　とある商品の市場

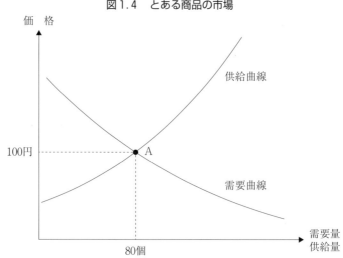

　図1.4の例では，2つの曲線が交わるA点に対応した100円という価格が市場で実現します。この価格を**均衡価格**（もしくは**市場価格**）と呼びます。均衡価格のもとで，需要量と供給量はともに80個になっていることに注意してください。これを「市場では需給が一致するように価格が決まる」と表現します。需給が一致するということは，消費者が買いたい量と生産者が売りたい量が等しくなるということです。需要と供給が均しくつり合っているので，この状態を**需給均衡**と呼びます。そして，この需給が一致した80個が，市場で実際に売買される**取引量**になります。

市 場 の 力

　「市場では需給が一致するように価格が決まる」という結果は，高校の政

治・経済の授業でも習う，いわば一般教養です。だから，経済学を勉強したことがなくても知っている人はたくさんいます。でも，この結果が生じるメカニズムを理解できている人は，思いのほか少ない印象です。経済学の勉強の手始めに，まずはこのメカニズムについて一緒に考えましょう。それが，市場の力を深く理解することに繋がるからです。

　需給が一致するように価格が決まるメカニズムを理解するために，均衡価格以外の価格が付いた場合に何が起こるかを考えてみましょう。これは大まかに(1)均衡価格より高い価格の場合と，(2)均衡価格より低い価格の場合に分けられます。まずは(1)の場合について，図1.5を使って考えましょう。

　まず，均衡価格p^*より高い価格を適当に1つ選び，それをp'と表します。市場でこのp'という価格が実現したとしましょう。p'から横にたどり，需要曲線とぶつかった所で需要量が決まり，供給曲線とぶつかった所で供給量が決まります。供給量の方が需要量より多くなっていることに注意してください。このときの供給量と需要量の差を**超過供給**と呼びます。超過供給と言われると難しく感じますが，これは要するに売れ残りのことです。

図1.5　超 過 供 給

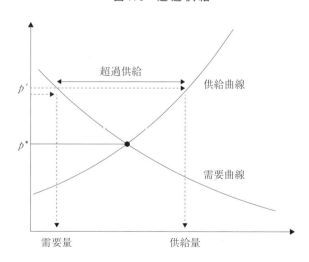

　売れ残りを抱えた生産者の行動を具体的にイメージするために，服屋さんに
なったつもりで考えてください。季節の変わり目，あなたのお店はたくさんの
売れ残りを抱えています。来年になると流行も変わるし，売れ残ると仕入れ代
がそのまま赤字になります。こんなとき，あなたならどうしますか？　「値下
げをして売りさばく」という答えが多いのではないでしょうか。現実の服屋さ
んも，季節の変わり目にはよくセールを行ないます。「日頃のご愛顧を込めて
消費者に喜んでもらいたい」という気持ちもあるかもしれません。でも，「売
れずに大損をするより，少しでも儲けたい」という気持ちの方が強いのではな
いでしょうか。また，他のお店がセールをしているなら，自分たちのお店も値
下げをしないと余計売れなくなってしまいます。ライバルとの競争で仕方なし
にセールを行なっているお店もあるでしょう。このようにして，超過供給の
ときには，価格が下がっていきます。

図1.6　価格を下げたときの超過供給

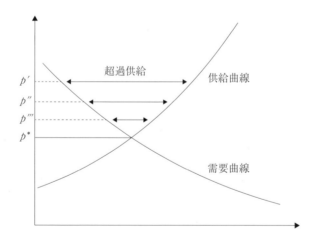

　売れ残りをなくすために，私たちも少し値下げをしてみましょう。上図より，
$p' \rightarrow p'' \rightarrow p'''$ と価格が下がるほど，超過供給が減る（図中の↔が短くなる）こ
とが分かります。でも，p''' まで価格を下げてもまだ超過供給はゼロではなく，

売れ残りを抱えた服屋さんは残っています。きっとそのお店は，さらに値下げ
をするでしょう。現実でも，セールが終盤に近づくと，段々と値引き率が上
がっていきます。この値下げ合戦は，売れ残りを抱えた企業がいなくなるまで
続きます。つまり，超過供給がゼロになる（図では，値下がりするほど短くな
る↔が丁度潰れてなくなる）均衡価格p^*まで価格が下がります。以上から，
均衡価格より高い価格が付いたときは，均衡価格まで値下がりする力が働くこ
とがわかります。

　次に，均衡価格よりも低い価格が付いたときに何が起きるかを考えましょう。
下左図を見てください。均衡価格p^*より低いp'という価格が実現したとしま
しょう。

図1.7　超 過 需 要

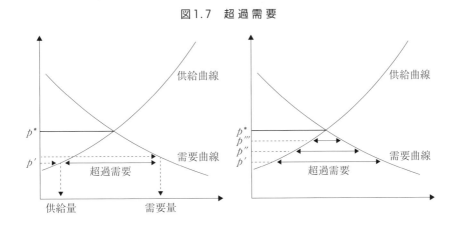

　今度は需要量の方が供給量より多くなります。両者の差は**超過需要**と呼ばれ
ます。超過需要が存在するということは，現在の価格なら買いたいと思ってい
るのに，買えない人がいるということです。買えなかった人の中には，もっと
高い価格でも欲しいという人もいるでしょう。そして，もっと高くても売れる
なら，値上げしてたくさん売りたいと思う企業も出てくるでしょう。

　そのため，超過需要が存在するなら，価格は上昇するはずです。その過程で，
安い価格ではあぶれて買えなかった人の手にも商品が届きます。高くなり過ぎ

て買うのをやめる人も出てくるでしょう。すると図1.7の右図のように，価格上昇に伴って超過需要は小さく（図の↔が短く）なっていきます。超過需要がゼロになる（図では，価格上昇に伴い短くなる↔が丁度潰れてなくなる）p^*まで，価格は上がり続けるでしょう。これは，均衡価格p^*より低い価格が付いたときは，均衡価格の水準まで値上がりする力が働くことを意味します。

　以上から，市場では常に均衡価格に向かって価格が動くことが分かります。これを市場が持つ**価格（調整）メカニズム**と呼びます。もしくは**市場メカニズム**と呼ばれることもあります。また，先の議論では需要曲線と供給曲線というたった2本のグラフから，消費者や生産者たちの感情や思惑が感じられたと思います。需要曲線や供給曲線が，消費者や生産者の「プラモデル」とみなせることを実感できたのではないでしょうか。

1.5　神の見えざる手

需給の一致と効率的な社会

　市場では価格メカニズムによって，常に均衡価格に向かって価格が動きます。そして，一度均衡価格が実現すれば，需要と供給は一致します。均衡価格より高い価格では超過供給，低い価格では超過需要が生じたことを思い出してください。実は，均衡価格は「需要と供給を一致させる唯ひとつの価格」なのです。まるで魔法のようにその唯ひとつの価格を実現させることから，今日では価格メカニズムを**「神の見えざる手」**と呼ぶことが多いです。

　ここまでの議論から，市場が需給を一致させる力を持つことが分かりました。でも，今私たちが解き明かそうとしているのは，「市場によって望ましい世の中が実現する」という『国富論』の主張です。需給が一致した世界からどのように議論を進めれば，望ましい世の中という結論にたどり着けるのでしょうか。実は両者の間にギャップはありません。なぜなら，需給が一致した世界がすでに望ましい世の中だからです。それを理解するために，需給が一致していない世界では何が起こるのかを考えてみましょう。

　需給が一致していない世界では，超過需要か超過供給のいずれかが生じています。まず，超過需要の世界を考えます。この世界では需要に対して供給が足りていません。これは「その値段なら欲しい」と思っているのに，買えない人が存在することを意味します。こんな世界は望ましくないでしょう。次に超過供給の世界を考えます。今度は欲しいのに買えない人はいませんが，代わりに商品が余ります。「欲しい人の手に行き渡った上で，予備まである」と考えて，望ましい世の中と感じるかもしれません。でも，「誰も欲しがらない余分なものが産み出されている」と捉えてみましょう。限りある資源や私たちの労働を別の形で有効活用していれば，もっと望ましい世の中が実現できたはずです。よって超過供給の世界も望ましいとは言えません。

　以上を踏まえ，需給が一致した世界について考えてみましょう。結論からいうと，需給が一致した世界は2つの意味で効率的です。第1に，商品が余らないので，誰も欲しがらないものに希少な資源が浪費されません。つまり，資源が効率的に生産に用いられます。第2に，均衡価格でも買いたいと思うすべての人の手にうまく商品が行き渡ります。つまり，希少な資源から作られた生産物が，それを高く評価する人に効率的に配分されます。

　以上から，「神の見えざる手」（＝価格メカニズム）がもたらす需給が一致した世界が，いかに望ましいかを理解できました。最後に神の見えざる手に関するよくある誤解を正しておきましょう。スミスは『国富論』の中で価格メカニズムについて論じていますが，「神の見えざる手」という言葉は使っていません。『国富論』には一度だけ「見えざる手」という言葉が出てきますが，価格メカニズムとは別の意味で使われています。いつの間にか本来の意味から転じた上に，「神の」という尾ヒレまでついて広まってしまったのです。でも，価格メカニズムの素晴らしさを理解した皆さんには，それを神さまの御業（みわざ）と感じたであろう先人の気持ちも理解できるのではないでしょうか。

神の見えざる手の正体とインセンティブ

　これまでの議論から，『国富論』でスミスが言及した望しい世の中とは，資

源や生産物が効率的に配分される世の中であることが分かりました。それを実現する鍵になるのが「神の見えざる手」，すなわち価格メカニズムでした。

　ここからは，何が価格メカニズムを動かしていたのかを，もう少し掘り下げて考えてみましょう。価格が高すぎてモノ余りが生じているとき，在庫を抱えた生産者は多少値下げしてでも売り抜けた方が得でしょう。価格が安すぎてモノが不足しているとき，一部の消費者はもっと高値でもそれを買おうとするはずです。それを見越した企業が値段を吊り上げることもあるでしょう。生産者の「損はしたくないし儲けたい」という気持ち，消費者の「欲しいものを手に入れたい」と思う気持ちが価格メカニズムを動かします。つまり，市場で価格が変化する原動力となったのは消費者や生産者の気持ち，もっと言えば利己心です。別の言い方をすれば，「神の見えざる手」を動かしているのは，私たちの利己心と言えます。それが市場の中で合わさり，神の御業としか思えない力を生み出していたのです。この章の前半で，「人びとの行動と社会のしくみの調和」が重要だと述べました。私たちの持つ利己心と上手く調和する社会のしくみの具体例が市場なのです。

　私たちは利己心にしたがい，自分の幸せを追い求めて行動します。世の中にとって善い行ないでも，あまりに面倒で自分に利が無ければ実行できないこともしばしばです。だから誰かに面倒なことや嫌なことをしてもらうためには，それを上回る何らかの「報酬」が必要になります。経済学では，この「報酬」のことをインセンティブと呼びます。ここでいう「報酬」は，金銭以外にも地位や名誉，やりがい等の形を取ることもあります。また，犯罪などの社会的に望ましくないことをさせないための「懲罰」もインセンティブです。要するに，**インセンティブ**とは，人びとに何らかの行動を促す誘因のことなのです。

　市場に備わったインセンティブの構造は，私たちの利己心に基づく行動をうまく調整し，効率的な世の中を実現する力に変えてくれます。どれだけ理想的な世界でも，実現できなければ意味がありません。実現可能な世界を考える鍵になるのがインセンティブであり，それを巧みに利用したしくみこそが望しい世界を作る鍵になります。経済学とは，どのようなしくみを整えれば望しい世

の中が実現できるのかを，インセンティブという観点から考える学問とも言えるでしょう。だから，経済学を勉強すれば，「望ましい社会の作り方」についても学ぶことができるのです。

練習問題

問 題　以下の文中の空欄（　a　）から（　j　）に当てはまる語句を，下記の語群の中から選びなさい。

(i)　消費者がある商品を「安ければ安いほど欲しい」と考えているなら，その商品の（　a　）は価格が高くなるほど（　b　）なる。また，生産者がある商品を「高く売れるほど儲かるから売りたい」と考えているなら，その商品の（　c　）は価格が高くなるほど（　d　）なる。

(ii)　ある市場で均衡価格より高い価格が付いた場合，（　e　）が生じる。これは売れ残りを抱えた生産者がいることを意味する。このとき，価格は将来的に（　f　）と考えられる。逆に，均衡価格より低い価格が付いた場合，（　g　）が生じる。これは現在の価格であれば欲しいと思っているのに，買えない消費者がいることを意味する。このとき，価格は将来的に（　h　）と考えられる。このような（　i　）メカニズムにより，市場では常に（　j　）を実現させる力が働く。

語　群

需要量，供給量，需給均衡，価格均衡，超過需要，過少需要，超過供給，過少供給，大きく，小さく，価格調整，数量調整，需要調整，上がる，下がる

第2章

比 較 優 位

第2章では，比較優位という経済学の考え方を例にして，何気ない日常の中にも経済学が隠れていることを確かめます。比較優位の考え方をとおして，ありふれた日常の話が，「人と人の協力のあり方」という壮大な話に展開していきます。経済学の考え方を使えば，様ざまなことが繋がって，世の中を深く理解できることを体感してください。第1章の冒頭で述べた，経済学を勉強すれば「世の中を見る目」が手に入るということの意味が実感できるはずです。

2.1 日常の中の経済学

家族の経済学

第1章で述べたように，経済学では「社会のプラモデル」を使って，現実の社会について考えます。「社会」と言われると何だか壮大で，どこか遠くの世界の話に感じた人もいたかもしれません。でも，人は1人では生きていけず，人と人が繋がれば必ずそこに社会が生まれます。学校や職場での人間関係も社会です。もっと身近なところでは，家族との繋がりだって立派な社会です。

皆さんに経済学を身近に感じてもらうために，まずは家族の日常の中にも経済学が隠れていることを一緒に確かめたいと思います。話を単純にするために，今回は2人からなる家族の一形態の「夫婦」に着目します。さらに，歴史上数えきれない夫婦喧嘩の原因になってきた，「家事の分担」という由々しき社会問題を例に話を進めましょう。話を具体的にするために，洗濯物の片付け作業をどのように分担するかを考えます。洗濯物の片付けには，「アイロンがけ」と「洗濯物をたたむ」という2つの作業があるとしましょう。第1章で消費者

や生産者をモデル化したように，今回は下表のように夫婦をモデル化します。

表2.1 洗濯物の片付けにかかる時間

夫：洗濯物1枚あたり，アイロンがけに120秒，たたむのに30秒
妻：洗濯物1枚あたり，アイロンがけに30秒，たたむのに20秒

表の中の数字を変えれば，2人の家事の得意不得意に関する様ざまなパターンを表せます。今回の場合，妻はどちらの作業も夫より早くこなせるので，家事が上手な妻と家事が苦手な夫の例になっています。この場合，どのように家事を分担すべきかを考えていきましょう。

まずは妻だけが作業をしたときと夫だけが作業をしたときに，10分間（600秒）で2人合わせて何枚の洗濯物を片付けられるかを考えます。少し計算すれば，夫が1人で作業した場合，10分間で最大4枚の洗濯物が片付くことが分かります（初めの480秒で4枚にアイロンをかけ，残りの120秒でそれらをたたむ）。一方，妻は10分間で最大12枚の洗濯物を片付けられることも，簡単に分かります（初めの360秒で12枚にアイロンをかけ，残りの240秒でそれらをたたむ）。よって，2人が10分ずつ作業をすると，合計16枚の洗濯物が片付きます。

協力のチカラ

でも，実はもっと効率的な方法があります。それは2人が協力して上手に作業を分担することです。妻がアイロンがけに専念し，夫がたたむ作業に専念したとします。経済学では，これを特定の作業に**特化**すると表現します。すると妻は10分間で20枚にアイロンがけを行なうことができ，夫は10分間で20枚の洗濯物をたたんで片付けられます（妻の最初のアイロンがけが終わるまで夫は作業できないので，正確には作業開始の10分後に20枚の片付けは終りません。でも，各々10分間の作業量で20枚を片付けられます）。

作業を分担しなければ10分間で16枚，分担すれば20枚。分担することで，同じ時間でより多くの家事をこなせることが分かりました。夫婦が協力することが大事ということですね。きれいに話がまとまりました。メデタシメデタシ。

ではもったいない！　ここからもう一歩踏み込んで考えるのが経済学です。もしかすると上の例では，協力が上手くいくように，著者が表の中の数字を恣意的に選んだのではないかと訝しんだ方もいるかもしれません。でも実は，どんな数字を選んでも，各々が別々に作業するよりも生産性が上がるような分担の方法が必ず存在します。では，どんな役割分担が上手くいくのでしょうか。それを理解するために，先の夫婦の状況を，経済学の考え方を使って捉え直してみましょう。

2.2　比較優位と協力

絶対優位と比較優位

先の例では，夫より妻の方がアイロンがけを短時間で効率的におこなえました。これを経済学では，妻がアイロンがけの作業に絶対優位を持つと言います。同様に，夫より妻の方が洗濯物を短時間でたためるので，洗濯物をたたむ作業も妻が絶対優位を持ちます。要するに，2人のうちある作業を効率的に行なえる方が，その作業に**絶対優位**を持ちます。絶対優位と言われると何だか難しそうですが，実は2人のうちどちらがその作業が得意かを表しているだけです。妻がどちらの作業にも絶対優位を持っているということは，妻の方がどちらの作業も得意ということです。

経済学には，作業の得意不得意を表すもう1つの概念があります。これは**比較優位**と呼ばれ，ある意味でそれぞれの作業が「比較的得意」なのは2人のうちどちらかを表しています。比較優位を理解するために，唐突ですが次の問いを考えてみましょう。2人はそれぞれ，アイロンを1枚かける時間で何枚の服をたたむことができるでしょうか？

夫はアイロンを1枚かけるのに120秒かかり，洗濯物を1枚たたむのに30秒かかりました。だから，夫はアイロンを1枚かける間に洗濯物を4枚たためます。同様に，妻は洗濯物1枚あたりアイロンがけに30秒，たたむのに20秒です。だから，妻はアイロンを1枚かける間に洗濯物を1.5枚たためます。ほとんど

の人は無意識に暗算できたと思いますが，これは2つの作業にかかる時間の比率を計算したことになります。次の図を見て確認してください。この比率を各人の（たたむ作業で測った）アイロンがけの**機会費用**と呼びます。つまり，夫のアイロンがけの機会費用は4，妻は1.5です。

図2.1　アイロンがけの機会費用（アイロンがけの時間が分子）

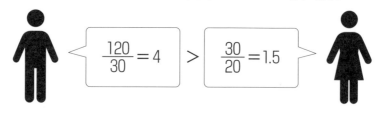

　夫より妻の方がアイロンがけの機会費用が小さいですよね。このとき，妻はアイロンがけに比較優位を持つといいます。

比較優位を活かした役割分担

　では次に，もう1つの洗濯物をたたむ作業の機会費用を比べ，どちらが比較優位を持つかを考えてみましょう。先ほどと同じように，2つの作業にかかる時間の比率から機会費用を求めます。このとき，先ほどと分子と分母が入れ替わり，分子にはたたむ作業の時間がきます。よって，夫のたたむ作業の機会費用は1／4，妻は2／3です。次の図で確認してください。

図2.2　たたむ作業の機会費用（たたむ作業の時間が分子）

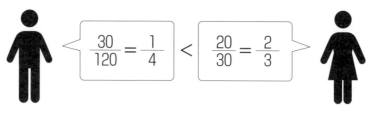

　2人のたたむ作業の機会費用を比べると，今度は夫の方が小さくなりました。

だから，洗濯物をたたむことに比較優位を持つのは夫です。先ほどとは逆に，今度は夫が比較優位を持ちました。これは偶然ではありません。アイロンがけの機会費用を計算したときの分子と分母を逆にすると，たたむ作業の機会費用になったことを思い出してください。2つの異なった数字の分子と分母をそれぞれ逆転させると，必ず2つの数字の大小関係も逆転します。これは2人で2つの作業をおこなう場合，一方がある作業に比較優位を持つなら，必ず他方がもう1つの作業に比較優位を持つことを意味します。

この結論は，夫と妻の各作業にかかる時間をどのように変えても成り立ちます。つまり，妻と夫は必ず1つずつ比較優位を分け合います。そして実は，各々が比較優位を持った作業に上手に特化した役割分担をすれば，必ず各々が別々に作業したときよりも全体の生産性が向上することが分かっています。要するに，夫と妻がそれぞれの比較優位を活かして上手く協力体制を築けば，家事分担をしなかったときよりも，たくさんの洗濯物を片付けることができます。

機会費用とは何か？

先ほど比較優位とは，ある作業が「比較的得意」なのは2人のうちのどちらかを表した概念だと説明しました。各作業の機会費用が小さい人がその作業に比較優位を持つということでしたが，なぜ機会費用が小さい作業を比較的得意とみなせるのかは釈然としません。そもそも機会費用が何を表しているのかも，今のところよく分かりません。なので，機会費用と比較優位の考え方をもう少し掘り下げてみたいと思います。

唐突ですが，世の中に存在するほとんどのものには限りがあります。私たちに与えられた時間も有限です。だから，何かを選ぶためには，選ばれなかった別の何かを諦めなくてはいけません。このような状況を経済学では**トレードオフ**と呼びます。機会費用は，この選ばれなかった他の機会（＝チャンス）から得られていたであろう価値の大きさを表しています。先ほどの例では，「アイロンを1枚かける間に，洗濯物を何枚たためていたか」がアイロンがけの機会費用でした。これは「アイロンがけに時間を使ったことで，洗濯物を何枚たた

む機会が失われたか」ともみなせます。

　経済学では，この機会費用の考え方が大切になります。具体例を使って，その重要性を説明しましょう。政府がある政策Aを行なって，景気が少し上向いたとします。でも，それだけでその政策が良かったと結論づけるのは早計です。政策Aを諦めることで，別の政策Bが実施できるとしましょう。このとき，政策Bの効果の大きさを，政策Aを実施することの機会費用と言います。この機会費用が政策Aの効果より大きいなら，政策Aの代わりに政策Bを行なうべきです。

　また第1章において，超過供給の世界が望ましく無い理由を次のように説明しました。「超過供給の状態では，誰も欲しがらない無駄なものに希少な資源が浪費されています。この資源をもっと別の用途に有効活用していたら，世の中はもっと望ましくなっていたはずです。」これもまさに機会費用の考え方です。資源を有効活用したときに得られていた価値が，資源を無駄なものに振り分けることの機会費用です。

　本当の意味で望ましい社会を考えるためには，選ばれなかった選択肢が持っていた価値（＝機会費用）を考えることが必要不可欠です。ある作業の機会費用が小さい方が比較優位を持つというのは，その作業を選ぶことで失われる価値の小さい方を，その作業が「比較的得意」とみなすということです。そして，「各々の比較的得意を活かした協力体制を上手く築くことで，全体の生産性が向上する」というのが，経済学が示した結論です。

2.3　比較優位と分業の利益

誰にでも輝ける場所がある！

　先の夫婦の例では，どちらの作業についても妻が絶対優位を持っていました。これはどちらの作業でも，夫は妻に敵わないことを表しています。そんな場合にも，夫は必ずいずれかの作業に比較優位を持つことが分かりました。そして，比較優位を活かした家事の分担により，夫婦の洗濯物の片付けの生産性が高め

られました。でも，この話は夫と妻以外のどんな2人にも，そしてアイロンがけと洗濯物をたたむ作業以外のどんな2つの作業についても成り立ちます。要するにここまでの議論は，上手くラベルを貼り替えて解釈し直すことで，人と人との協力関係に関する本質を教えてくれます。

　もしかしたら，皆さんの中には「僕は何をやってもダメ」，「社会にはわたしの居場所なんてない」と不安を抱えている人もいるかもしれません。もし，あなたがすべてにおいて誰かより劣っていて，絶対優位を1つも持っていなかったとしても，必ず比較優位は持っています。そして，その比較優位を活かした協力関係を築けば，あなたの行動が世の中の生産性を高めます。ここまで経済学を勉強したあなたには，きっと経済学からのメッセージが聞こえるはずです。「社会はあなたを必要としているよ。誰にでも輝ける場所が用意されているんだよ。」

分業の利益

　先の夫婦の家事分担の議論は，上手くラベルを貼り替えることで，どんな2人のどんな2つの作業でも成り立つということでした。ということは，本章のここまでの議論は，分業の持つ力についての普遍的な主張とみなすこともできます。第1章では，『国富論』における市場の力に関する主張を紹介しました。実は，スミスは『国富論』において，分業の利益に関する主張も行なっているのです。私たちは，高度な分業体制が発達した世界に住んでいます。あまりに当たり前になりすぎて，なかなかその恩恵に気付けません。でも，私たちがたくさんのものに囲まれた豊かな暮らしができているのは，分業の力による所が大きいのです。

　スミスが『国富論』を出版したのは1776年でした。これは産業革命の初期にあたります。少しずつ工場が増え始め，人びとが集まって労働を行なうことが一般的になり始めた時期です。『国富論』の中で，スミスは自分が視察したピンの工場について，おおむね次のように述べています。「職人が1人でピンを作ったら1日にせいぜい20本しか作れないでしょう。でも，自分が視察した工

場では，工程を18に分けて10人の労働者が分業体制を築くことで，1日当たり48,000本のピンを作っていました」。10人で48,000本ということは，1人当たり1日4,800本。分業をしなかった場合の20本と比べると，実に240倍の生産力です。分業の力を感じてもらえたでしょうか？　また，何気ない夫婦の日常の中に，『国富論』の主張に繋がる経済の本質が隠れていたことに驚いた方もいるのではないでしょうか。でも，話はここで終わりません。もう一歩踏み込んで考えることで，夫婦の日常がさらに思いもよらない話に繋がっていきます。

2.4　比較優位と国際貿易

貿易で得をするのはどんな国？

　突然ですが，「夫婦の日常と貿易ってどこが同じ？」こんな禅問答のような質問をされたら，あなたは何と答えますか。実は，先ほどの家事分担の議論をさらに推し進めると，国同士の貿易の本質にも迫ることができます。経済学で物事の本質をつかめば，同じ考え方で一見全く異なった問題に光を当てることができるようになるのです。今から，貿易で利益を得るのはどんな国か，逆に不利益を被るのはどんな国かを考えていきます。知らない間に先ほどの夫婦の話と同じロジックに帰着されるので，楽しみにしていてください。

　時おりニュースなどで，先進国は貿易をとおして後進国を搾取しているという主張を聞くことがあります。なので，先進国と後進国が貿易をしたときに何が起きるかを考えてみましょう。話を単純にするため，先進国と後進国という2つの国が，農業品と工業品という同じ2つの商品のみを作っているとします。どちらの国も労働人口は600万人としましょう。先進国と後進国は様ざまな点で異なっていますが，今回は技術の違いに着目します。優れた技術を持つ先進国は，後進国に比べて少ない労働力で商品を生産できると考えましょう。話を具体的にするために，両国の技術を次の表のようにモデル化します。

表2.2 両国が持つ技術

後進国：工業品1個の生産に120人，農業品1個の生産に30人の労働力が必要
先進国：工業品1個の生産に30人，農業品1個の生産に20人の労働力が必要

　表からすぐに，どちらの商品も先進国の方が少ない人数で生産できることが分かります。このようにして技術の優れた先進国と，技術の劣った後進国を表現できます。表2.2の状況は，次の表のように表すことも多いです。各マスには各国が各製品を1個生産するのに必要な労働者数（**労働投入係数**）が入ります。

表2.3 各国の労働投入係数

	工業品	農業品
後進国	120	30
先進国	30	20

本質を捉えよう！

　ここからは先進国と後進国が貿易によって利益を得られるか否かを考えていきます。そのためにまず，両国が全く貿易をしなかったとき（鎖国）と，貿易をしたときに，それぞれどれだけの生産を行なうことができるかを考えます。でも，計算する必要はありません。なぜなら，すでにその作業は終わっているからです。一体どういうことでしょうか。

　次の表は，表2.1の夫婦の家事の状況を，表2.3と同じ形式で書き直したものです。各マスに書かれた数字は，夫と妻がそれぞれの作業を洗濯物1枚分こなすのにかかる秒数を表しています。

表2.4 夫婦の労働投入係数

	アイロン	たたむ
夫	120	30
妻	30	20

　表2.3と表2.4を見比べてください。何かに気づきませんか？　実は各マスの数値が全く同じなのです。そこで，対応する部分のラベルを次の表のように貼り替えてみましょう。

表2.5 ラベルの貼り替え

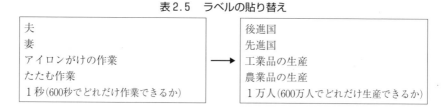

夫		後進国
妻		先進国
アイロンがけの作業	→	工業品の生産
たたむ作業		農業品の生産
1秒(600秒でどれだけ作業できるか)		1万人(600万人でどれだけ生産できるか)

　すると，先ほどの夫婦の家事分担と今回の貿易の話は，本質的に同じ構造になっていることが分かります。絶対優位と比較優位についても次の表のように対応付けられ，先と同じロジックで議論を進めることができます。

表2.6 絶対優位と比較優位の対応

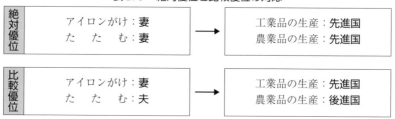

絶対優位	アイロンがけ：**妻**	→	工業品の生産：**先進国**
	た　た　む：**妻**		農業品の生産：**先進国**

比較優位	アイロンがけ：**妻**	→	工業品の生産：**先進国**
	た　た　む：**夫**		農業品の生産：**後進国**

貿易をしない場合

　まずは貿易を全くしない鎖国の状況を考えましょう。このとき，各国の中でどのような割合で工業品と農業品が生産されるかは，その国の人びとの好みや

豊かさなどによっても変化します。ただ，今回は話を単純にするために，「各国の消費者は2つの商品を必ず同じ量だけ消費する」という極端な仮定をおいてみましょう（なお，この仮定は非現実的ですが，あくまで話を単純にするためのものです。主だった結果に本質的な影響は与えません。このことは，章末の練習問題の問2で確認できます）。

　さて，2つの商品が同じ量だけ消費されるなら，鎖国時の先進国では600万人の労働人口で，工業品と農業品がそれぞれ12万個作られます。これは先進国と対応する妻が，600秒で12枚の洗濯物をたためていたことからただちに分かります。もちろん直接計算して求めても構いません。同じく，鎖国時の後進国では600万人の労働人口で工業品と農業品がそれぞれ4万個作られます。これも後進国と対応する夫が，600秒で4枚の洗濯物をたためていたことから分かります。要するに，鎖国時にはどちらの商品も2国合わせて16万個ずつ作られます。下表の各マスには，鎖国時の各国の各商品の生産量が記載されています（表2.3とは表しているものが違うので，注意してください）。

表2.7　鎖国時の各商品の生産量

	工業品	農業品
後進国	4万	4万
先進国	12万	12万
	計16万	計16万

貿易をした場合

　貿易とは国と国との協力関係です。貿易によって，国際的な分業体制を築くことができます。先ほどの夫婦の例では，各々が比較優位を活かした上手な協力を行なえば，協力しないときに比べて，2人合わせた作業量を増やすことができました。同じように考えると，貿易を通じた上手な協力関係を構築すれば，各商品の2国合わせた生産量を増やすことができるはずです。

　先の夫婦の例では，妻が比較優位を持つ作業に特化すると，600秒で計20枚

にアイロンがけができました。同様に，夫は計20枚の洗濯物をたためました。表2.8の対応関係を思い出せば，先進国は600万人全員で20万個の工業品を，後進国は600万人全員で20万個の農業品を，それぞれ作れることが分かります。両国合わせた生産量は，どちらの商品も20万個です。これは鎖国時の16万個より多いです。以上の結果を下表にまとめましょう。各マスの数字は各国の各製品の生産量です。

表2.8　国際分業体制下における貿易前の生産量

	工業品	農業品
後進国	0	20万
先進国	20万	0
	計20万	計20万

　以上から，国際的な分業体制を上手に築けば，どちらの商品についても2国合わせた生産量を増やせることが分かりました。これは，国際的な分業体制によって，全体のパイが大きくなったことを表しています。しかし，今の段階では先進国は工業品，後進国は農業品しか所有していません。どちらの商品も消費するには，互いに貿易を行なう必要があります。

　分業で全体のパイが大きくなっているのですから，貿易によってそれを上手く分けあえれば，どちらの国も利益を得られるはずです。例えば，「工業品1：農業品2」の交換レートで，先進国の工業品7万個と後進国の農業品14万個を交換してみましょう。すると，先の表2.8は下表のように変化します。

表2.9　国際分業体制下における貿易後の所有量

	工業品	農業品
後進国	7万（0＋7万）	6万（20万−14万）
先進国	13万（20万−7万）	14万（0＋14万）
	計20万	計20万

　表2.9の各マスの数字を，鎖国時の表2.7と比べてください。すべてのマ

スで，表2.9の数字が表2.7以上になっていることが分かります。この結果を解釈してみましょう。今回は，比較優位を活かした上手な国際分業体制を構築した上で，適切な交換レートで貿易を行ないました。結果として，両国ともどちらの商品も鎖国時以上に消費できるようになりました。要するに，どちらの国も貿易から利益を得るWin-Winの関係が築けたということです。

上手な貿易で必ずWin-Winに！

実は，このようなWin-Winの交換レートは，どんなときも必ず存在することが分かっています。貿易には，当事者双方に利益をもたらす可能性が常に秘められているということです。さらにこの素晴らしい結論は，先ほどの「各国の消費者は2つの商品を必ず同じ量だけ消費する」という非現実的な仮定がなくても成立します（ただし，このような上手な交換レートが必ず存在することを示すのは，本書のレベルを超えます。興味がある方は，この本を読み終えたあと，国際経済学や貿易論を勉強してください）。

なお，両国がWin-Winになる貿易の交換レートが必ず存在するからといって，そのレートが常に実現されるとは限らないことにも注意してください。適切な交換レート以外で貿易を行なえば，当然貿易から不利益を被る国が出てくる可能性もあります。

完全特化と不完全特化

本章では，2人（もしくは2国）で2つの作業を行なう状況を考えました。各々が比較優位を持つ作業に「上手に」特化して分業すれば，分業しなかったときよりたくさんの作業をこなせることを学びました。ここで，「上手に」という但し書きに注意してください。各々が比較優位を持った作業のみに完全に専念することを**完全特化**と呼びます。本章の例では，この**完全特化**を行なうことで上手くいく例を考えました。でも，完全特化を行なってしまうと，分業を行なわなかったときよりも，一部の作業回数や生産量が減ってしまうこともあるのです。

　そんなときでも，分業が役に立たないというわけではありません。分業をしないときよりは比較優位を持つ作業を増やすけれど，もう1つの作業もある程度は続けることを**不完全特化**と呼びます。実は完全特化でうまくいかない場合は，この不完全特化を「上手に」行なえば，やはりどちらの作業の回数も増やすことができます（具体例は章末の練習問題の問2）。

　いずれにせよ，お互いに比較優位を持つ作業の比率を「上手に」高めて協力すれば，分業をしなかったときよりも高い生産性が実現できるという結論は常に成り立ちます。ただし，どのくらい特化をすべきかはケース・バイ・ケースです。闇雲に比較優位を持つ作業に専念すれば良いわけではないので，注意してください。

本質をつかめば視界が広がる！

　比較優位という「本質」を理解したことで，ありふれた日常の話が，他者との協力や，国同士の貿易といった，一見何の関係もない話に繋がっていきました。このように，経済学の考え方が分かってくると，日常に隠れた世の中の真理を見つけられるようになります。まるで宝探しのようです。それが思いもよらない壮大な話に繋がっていくこともしばしばです。本質をつかみ，一歩踏み込んで考えることで，思いもよらない景色が見えてきます。この章を通して，経済学を勉強すれば「世の中を見る目」が手に入るということの意味を実感してもらえていたら嬉しいです。

問題1　とある会社では「経理部」と「営業部」にAさんとBさんを1人ずつ配属する予定である。Aさんが会社にとって3万円の価値のある仕事をこなすには，どちらの仕事でも5時間かかる。Bさんが同じく3万円分の仕事をこなすには，経理の仕事なら20時間かかり，営業の仕事なら10時間かかる。

	経理部	営業部
Aさん	5	5
Bさん	20	10

(i)　経理の仕事に絶対優位を持つのはAとBのどちらか？
(ii)　営業の仕事に絶対優位を持つのはAとBのどちらか？
(iii)　Aさんの（営業で測った）経理の機会費用を答えなさい。
(iv)　Bさんの（営業で測った）経理の機会費用を答えなさい。
(v)　経理の仕事に比較優位を持つのはAとBのどちらか？
(vi)　営業の仕事に比較優位を持つのはAとBのどちらか？

問題2　本章3節と同じ状況を考える。つまり，先進国と後進国がそれぞれ工業品と農業品という2つの商品のみ生産している。各国が各商品を1個生産するのに要する人数は下表のとおりである。また，両国とも600万人の労働人口を有している。

	工業品	農業品
後進国	120	30
先進国	30	20

(i)　本文とは異なり，鎖国時はどちらの国も工業品と農業品の生産に300万人ずつ従事しているとする。各商品の2国合計の生産量を答えなさい。
(ii)　両国の工業品の機会費用を計算し，どちらの国が工業品の生産に比較優位を持つか答えなさい。
(iii)　どちらの国も比較優位を持つ商品の生産に完全特化したとする。このときの工業品の2国合計の生産量と，農業品の2国合計の生産量を答えなさい。
(iv)　後進国は比較優位を持つ商品の生産に完全特化したとする。先進国は不完全特化をして，比較優位を持つ商品の生産に480万人，比較優位を持たない商品の生産に120万人の労働人口を振り分けたとする。このときの工業品の2国合計の生

産量と，農業品の2国合計の生産量を答えなさい。

※ （i）と（iii）の結果から，両国が完全特化をすると，農業品の2国合計の生産量が鎖国時より減ることが分かります。また，（i）と（iv）の結果から，上手く不完全特化をすると，どちらの商品も2国合計の生産量を鎖国時より増やせることが分かります。

　本章では単純化のために「各国の消費者は2つの商品を必ず同じ量だけ消費する」という非現実的な仮定を置きました。本問では，この仮定が成り立たない場合を考えています。（i）と（iv）の結果は，「国際的な分業体制を上手く築けば，どちらの商品についても2国合わせた生産量を増やせる」という本章の主要な結論が，労働人口の初期配分に関わらず成立することを示唆しています。

第3章

需要曲線と供給曲線

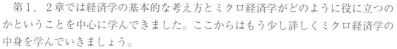

第1，2章では経済学の基本的な考え方とミクロ経済学がどのように役に立つのかということを中心に学んできました。ここからはもう少し詳しくミクロ経済学の中身を学んでいきましょう。

第1章でも**需要曲線**と**供給曲線**という言葉が何度も出てきました。またそこでは，それらがモノの価格と需要量，供給量との間の関係を表していることを学びました。縦軸に価格，横軸に数量を取ると，需要曲線は右下がり，供給曲線は右上がりの曲線として描かれましたが，ではなぜ需要曲線と供給曲線がそのような形状をしているのか，突き詰めて考えたことのある人は少ないでしょう。この章ではできる限り話を単純化した上で，消費者の効用最大化行動から需要曲線が，生産者の利潤最大化行動から供給曲線がそれぞれ導かれることを学びます。

3.1 無差別曲線

まず，需要曲線から見ていきましょう。第1章で学んだとおり，需要曲線とは「価格が＊円のとき，需要量（あるいは消費量）が＃個になる」ということを表す曲線です。いま，ある消費者がチョコとクッキーを買おうとしているとしましょう。いったい，どの財をどれだけ買えば，この消費者は最も満足するでしょうか？　経済学では，消費者が財・サービスから得る「満足度」のことを「**効用**」と呼びますが，これらの財はたくさん手に入るほど効用が増加するとします。通常，ある財をたくさんもらいすぎると，邪魔になってしまい，かえって効用は低下すると考えられます。しかしながら，ここではそのような飽和状態は考えないこととします。実はこの「どの財をどれだけ買えば効用が最大化されるか」という問いを考えることで需要曲線を導くことができるのです。

　ではまず，チョコとクッキーから得られる効用の水準を**無差別曲線**として図に表すことにしましょう。図 3.1 がこれを表しています。無差別曲線とは……

・　等しい効用水準をもたらす消費量の組み合わせを表す曲線（例えば，図 3.1 の曲線 A 上の財の組み合わせであれば，すべて同じ大きさの効用を消費者にもたらします）。

・　右上方に位置する無差別曲線ほど高い効用に対応する。

・　無差別曲線同士は交わらない。

・　無差別曲線は無数に描くことが可能。

図 3.1　無差別曲線

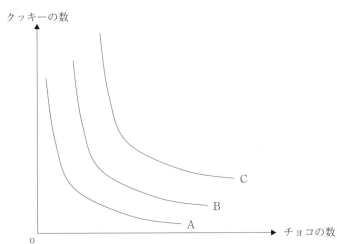

　分かりにくければ，地図記号の等高線をイメージしてください。無差別曲線は等高線のように同じ高さの効用をつなぎ合わせた曲線なのです。また，ここでは原点に対して凸の形状をしているものとします。

3.2　予算制約線

　さて，消費者は一体どのように財の消費量を決定するのでしょうか？　ここで消費者は無制限に財の組み合わせを選択することはできません。なぜなら自分の持っているお金，つまり予算の範囲内で財を購入する必要があるためです。したがって，「限られた予算の中でどのように財を購入すれば，効用を最も大きくすることができるのか？」を考えることが必要になります。では，具体的な例で考えてみましょう。

　「ある消費者が1,000円の予算でチョコとクッキーを買おうとしています。チョコの値段は200円，クッキーの値段は100円です。チョコとクッキーをどれだけ買えば一番，効用を高めることができるでしょうか？」

　ここで，この消費者の予算制約は以下のように表すことができます。

　　200円×(チョコの数)＋100円×(クッキーの数)≦1,000円

図 3.2　予 算 制 約

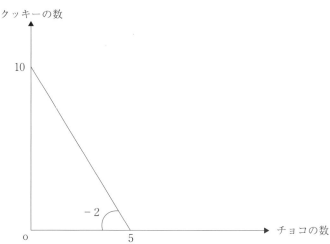

　つまり，この式を満たす範囲でチョコとクッキーの購入数を決めなくてはいけません。これをグラフで表すと図3.2のようになります。図3.2には，先の予算制約を等号で満たす直線（**予算制約線**），つまり切片（縦軸との交点）が10，傾きがマイナス2の直線のグラフが描かれています。切片の10は，予算の1,000円でクッキーだけを購入した場合，10個のクッキーが購入できることを意味しています。逆にチョコだけを購入した場合，5個のチョコが購入できるので，横軸との交点は5になっています。傾きがマイナス2になることは，皆さん自身で確認してみてくださいね。

3.3　効用最大化行動

　こうして，この消費者は図3.2の三角形の内側でチョコとクッキーの消費量を決めなければいけないことが分かりました。では一体，三角形の内側のどこで消費量を決めるべきでしょうか？　ここで再び登場するのが先に学んだ無差別曲線です。

　図3.1で描いた無差別曲線を図3.2の予算制約線と合体させましょう。すると，図3.3のようなグラフが描かれます。

　図3.3に描かれているA〜Cの無差別曲線はどれが一番，高い効用をもたらすでしょうか？　そう，もちろん，一番右上方に位置するCですね。しかし，C上の財の組み合わせは予算をオーバーしてしまうので，選択することができません。つまり，予算制約を満たす範囲で，効用が最も高くなるのは**予算制約線 $\alpha - \beta$ 上**のどこかになります。

　もう一度，図3.3を見てください。Aの無差別曲線上の点aも予算制約線の上にあります。しかし，同じく予算制約線上にある点bはより高い効用をもたらすことが分かります。したがって，消費者は点aの組み合わせよりも点bの組み合わせを選択します。以上の議論より，消費者が効用を最大にする消費量の組み合わせは予算制約線と無差別曲線が接する点（図3.3の点b）であることが分かりました。

図 3.3　予算制約戦と無差別曲線

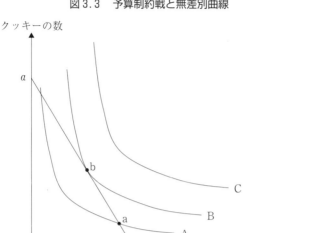

3.4　需要曲線

　では，この分析からどのように需要曲線が導かれるのか見ていきましょう。需要曲線とは「価格が＊円のとき，需要量が＃個になる」という関係を表す曲線でした。つまり，価格が変化した際，需要量がどのように変化するのかを教えてくれるのです。そこで，クッキーの価格100円はそのままで，チョコの価格だけ200円から150円に下落したとしましょう。これにより，消費者はどのように行動を変化させるでしょうか。この価格の下落をグラフで表すと図 3.4 のようになります。つまり，先ほどの予算制約線が切片はそのままで，右側に移動します。言うまでも無いことですが，これはチョコレートの価格が下落したために，チョコレートをたくさん買うことができるようになったことに由来します。

図3.4　価格の変化

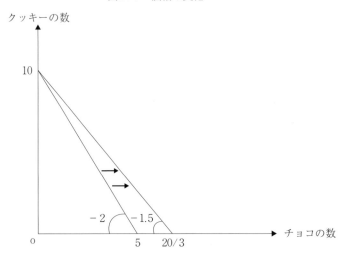

図3.5　価格の変化による消費者行動の変化

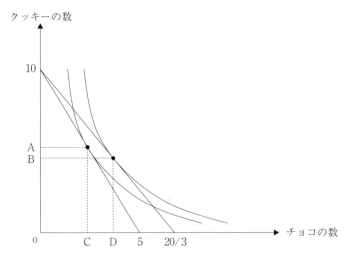

　では，消費者の購買行動を確認しましょう。図3.5を見てください。消費
量の組み合わせは，予算制約線と無差別曲線が接するところで決まるのでした

ね。すると，図 3.5 を見てみると，消費者はチョコの消費量を C から D に増加させることが分かります。つまり，「ある財の価格が下落すると消費者はその財の消費量を増加させる」のです。この現象は**需要法則**と呼ばれます。以上から，図 3.6 のような右下がりの需要曲線が導かれることが分かりました。これは 1 人の消費者の需要曲線ですが，1 人ひとりの需要曲線を水平方向に足し合わせれば，市場全体の需要曲線を求めることができます。このように，需要曲線は消費者の効用最大化行動の結果として，その姿を現すのです。

　ちなみに，価格の上昇に伴って需要量が増加する財，すなわち需要法則が成立しない財というものも理論上は考えることができます。そのような財は**ギッフェン財**と呼ばれます。

　また，この例ではチョコの価格が下落したことで，もう一方のクッキーの消費量は減少しています。これは直観的には，チョコの「お買い得感」が向上したため，クッキーの消費量を減らし，その分をチョコの購入に回したと解釈できます。しかし，実は必ずしもクッキーの消費量が減少するとは限りません。場合によってはクッキーの消費量が増加することもあるのですが，この議論は

図 3.6　需要曲線

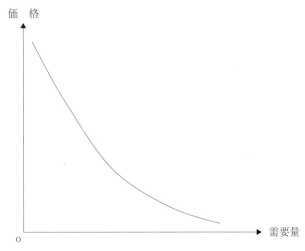

より上級のミクロ経済学で学ぶこととしましょう。

　もちろん，需要曲線がどの程度傾いているのか，どのように曲がっているのかなどは，これまでの分析だけでは確定できません。ここで言えることは，「需要曲線は右下がりの曲線である」ということのみです。

3.5　費用曲線

　次に供給曲線について見ていきましょう。供給曲線とは，第1章で学んだとおり「価格が＊円のとき，供給量が＃個になる」という関係を表す曲線ですが，需要曲線が消費者の行動から導かれたように，供給曲線は生産者の行動から導くことができます。では，生産者の目的とは一体何でしょうか？　そう，お金を儲けること，**利潤**を最大化することです。利潤とは財・サービスを販売することで得られた収入から，それを生産するためにかかった費用を引いたものを指します。では，次のような具体例を考えてみましょう。ある生産者が牛肉を生産しています。毎期，どれだけの牛肉を生産すれば一番儲けることができるでしょうか？

　生産者が牛肉をX単位生産するのに必要な費用を**費用曲線**として図3.7のようにグラフで表しましょう。横軸が生産量で，縦軸はその生産に必要な費用を表しています。生産量が増加するほど総費用も増加するのは当然ですが，ここで費用曲線は下に凸の形状をしていることに注意してください。これは何を意味しているのでしょうか。たとえばaの生産量からわずかに生産量を増加させた際の費用の増加分とbの生産量からわずかに生産量を増加させた際の費用の増加分を比較すると，明らかにbからの増加分の方が大きくなっています。つまり，生産量が大きくなるほど，追加的な生産による費用の増加分が大きくなることを意味しているのです。生産量を1単位追加した際の費用の増分は**限界費用**と呼ばれますが，下に凸の形状はこの限界費用が逓増することを意味しています。

図3.7　費 用 曲 線

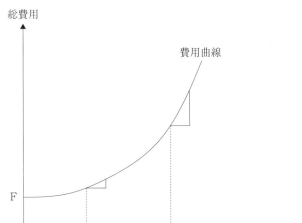

　ではなぜ限界費用は逓増するのでしょうか。それは次のような例を考えると理解できます。生産者が 1 ha の土地で牛を 1 頭だけ放牧しているとしましょう。牛 1 頭を飼うには十分な広さです。（ 1 ha は10000㎡です。 1 辺が100mの正方形だと考えるとその大きさが想像できることでしょう。）そこで，もう 1 頭余分に飼うことにします。すると，牛が食べる牧草はまだ十分にあり，追加的な費用もそれほどかからないと考えられます。しかし，もし10頭飼っている状態から，もう 1 頭余分に飼おうとすればどうでしょうか。牧草はもう十分な量とは言えず，飼料を追加したり，病気を予防したりするための措置も必要になります。したがって，10頭飼っている状況から，さらに牛を飼おうとすれば，その追加的な費用は大きなものとなるでしょう。

　ところで，図3.7の費用曲線は縦軸とFで交わっています。これは生産量がゼロであっても，Fのコストだけは負担しなければならないことを意味しています。このFのことを**固定費用**と呼びます。なぜ，生産量がゼロであっても，コストがかかるのでしょうか？　牛を飼っているこの生産者は，実は自分の土地をもっておらず， 1 ha の土地を借りて毎月，借地料を支払っています。さ

らに，電気や水道の料金も毎月支払わなければなりません。これらは例え，牛の飼育をやめたとしても，廃業しない限り支払い続ける必要があります。これが固定費用なのです。つまり，総費用は生産量に依存せず発生する固定費用と，生産量の増加と共に増大する**可変費用**の2つから成り立っています。

3.6 利潤最大化行動

では，この生産者はいったいどれだけ牛肉を生産すれば，最も利潤を大きくすることができるでしょうか。ここでポイントとなるのが，先ほど見た「限界費用」です。販売する牛肉の価格は市場全体の取引によって決定され，生産者は自分が販売する牛肉の価格を，自分で決定することはできないとしましょう。このような企業は**プライス・テイカー**と呼ばれます（プライス・テイカーについては第4章で詳しく学びます）。言い方を変えると，市場で決められた価格のもとでなら，好きなだけ販売することができるわけです。するともし，

価格＞限界費用

が成立しているなら，もう1単位，余分に生産することで得られる収入がその追加的な費用を上回る，つまり利潤が増加することが分かります。この関係が成立している限り，生産者は生産量を増やそうとします。

ここで，限界費用は生産量が増加するにつれ，上昇したことを思い出してください。これに対し，価格は生産者がどれだけ生産量を増やしたとしても変化しません。したがって，生産量が少ないうちは「価格＞限界費用」であり，生産量を増やしていくと，いつか「価格＝限界費用」となり，さらに生産量を増やすと「価格＜限界費用」となります。この「価格＜限界費用」の状況になると，生産すればするほど赤字が増えてしまいます。すなわち，生産者は

価格＝限界費用

となるところで，生産量を決定すると最も利潤を高めることができるのです。ただし，この利潤最大化条件は生産者がプライス・テイカーとして行動する場合に限ります。また，生産量の決定において，固定費用の大きさは無関係であ

ることに注意しましょう。

3.7　供 給 曲 線

　図3.8を見てください。これは限界費用曲線を描いており，これまで見て
きたように，生産量の増加とともにそれは増大します（右上がりの曲線として
描かれています）。ここで，利潤を最大化しようとする生産者は「価格＝限界
費用」となるように生産量を決めるため，縦軸の「限界費用」は「価格」に置
き換えたとしても，この曲線は成立することが分かります。縦軸に価格，横軸
に生産量を取ったこのグラフは供給曲線に他なりません。生産者の利潤最大化
行動の結果，供給曲線は限界費用曲線と一致し，その限界費用が逓増するため，
供給曲線も右上がりの曲線として描かれるのです（厳密には，限界費用曲線の
一部が供給曲線を形成することになりますが，詳しい説明はより上級のミクロ
経済学で学びます）。「価格が上昇すれば，供給量は増加する」という現象は**供
給法則**と呼ばれます。

図3.8　限界費用曲線（供給曲線）

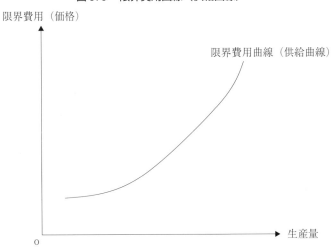

　また，需要曲線を導いたときと同様に，ここで見た供給曲線は個別の生産者のものとなっていますが，市場全体の供給曲線は，その財を生産するすべての生産者の供給曲線を水平方向に足し合わせることで求めることができます。このように，供給曲線は生産者の利潤最大化行動の結果として，その姿を現すのです。

> 問題1　ある財は価格が100のとき需要量は2000，価格が200のとき需要量は1500になることが分かっている。この財の需要曲線が直線で描かれるとき，需要曲線を求めグラフに描きなさい。
>
> 問題2　次の表はある企業が財を生産する際にかかる総費用を表している。このとき，以下の問いに答えなさい。
>
> | 生産量 | 0 | 1 | 2 | 3 | 4 | 5 |
> |---|---|---|---|---|---|---|
> | 総費用 | 3 | 4 | 6 | 8 | 11 | 16 |
>
> (1)　固定費用はいくらか答えなさい。
> (2)　生産量が2のとき，限界費用はいくらか答えなさい。
> (3)　この企業はプライス・テイカーであり，価格は4であった。このとき，利潤が最大になる生産量はいくらか答えなさい。

第4章
市場均衡と市場の効率性

第3章では，需要曲線と供給曲線がそれぞれ消費者の効用最大化行動と生産者の利潤最大化行動から導かれることを学びました。そこでは，「価格は与えられたもの」として行動していましたが，一体なぜそのような想定が可能なのでしょうか。また，そもそも価格はどのように決まるのでしょうか。このことは第1章でも少し学びましたが，この章ではより詳しく，市場均衡と市場の効率性について学んでいきましょう。

4.1 プライス・テイカー

これまでは「価格が＊円のとき」とか，「価格が下落すると」といったふうに，価格を「与えられたもの」として見てきました。これは消費者1人，生産者1人のチカラでは価格を変化させることができないと仮定していることになります。言い方を変えれば，与えられた価格のもとでなら，好きなだけ生産・販売ができるということです。ではなぜ，このような仮定を置くことができるのでしょうか。

次のような状況を考えてください。大学生のあなたが，コンビニへ行ってアイスクリームをすべて買い占めたとしましょう。さらに，すべてのお小遣いを使い切って，他のコンビニでもアイスクリームを買いまくります。さて，そうした買占めをあなたが実行することで，世の中のアイスクリームを品薄にすることができるでしょうか。当然，そんなことはできませんよね。せいぜい，2～3件のコンビニにおいて，ほんの一時的に品薄に出来る程度でしょう。つまり，その市場において，あなたの力は非常に小さいのです。

ほかにも例えば，一軒のキャベツ農家を考えましょう。その農家は家族経営で営まれ，規模は大きくありません。すると，同じキャベツを生産している農家は無数に存在し，いくら自分のところが生産量を増やしたり減らしたりしても，店頭に並ぶキャベツの価格に影響が出ることはありません。

このような消費者や生産者は**プライス・テイカー**と呼ばれます。プライス・テイカー（Price Taker）は日本語では「価格受容者」と訳されます。すなわち，「価格を与えられたものとして行動する者」という意味です。もちろん，ある財を生産する企業が少数しかいない場合も，現実には多々見受けられます。そのような場合，企業はプライス・テイカーとはなりません。したがって，その行動を分析するには別の（少し複雑な）議論が必要になりますが，それはより上級のミクロ経済学で学びます。ここで，冒頭でも述べた通り，市場で決まった価格であれば，1人ひとりのプライス・テイカーは好きなだけ消費，あるいは生産することができるのだということに注意してください。

4.2 完全競争市場

では，次のような市場を考えましょう。

・ 十分に多数の消費者と生産者が存在する。
・ 供給される財は全く同質で，誰から買おうと，誰に売ろうと差はない。
・ 市場に存在する財の価格や品質などに関し，皆，完全な情報を持っている。
・ その市場への参入・退出は自由。
・ 財の取引に費用はかからない。

これらの条件が満たされるとき，その市場における消費者と生産者はプライス・テイカーとなり，またそのような市場は**完全競争市場**と呼ばれます。逆に言えば，プライス・テイカーを仮定するならば，必然的に上の条件も満たされることになります。しかし，これらの条件をすべて完全に満たす市場というの

は，現実にはなかなか考えられません。では，なぜこのような市場を考えるのでしょうか？　考えることにどのような意味があるのでしょうか？

　ここで突然ですが，小学校の理科でやった「インゲン豆の発芽実験」を思い出してください。え？　なんで経済学のテキストなのに「発芽実験」なのかって？　まぁまぁ聞いてください。「種を発芽させるためには何が必要か？」を調べるときに，どのようにして実験を行ったか覚えていますか？　例えば，「発芽と気温の関係」を調べるときには，一方の種は湿らせた脱脂綿の上に種を乗せ冷蔵庫の中に，もう一方は同じく湿らせた脱脂綿の上に乗せ，箱に入れて光を遮断した上で常温の室内に置きました。なぜ箱の中に入れたかというと，冷蔵庫の中に光は届かず，今は発芽と気温の関係を調べているので，その他の条件は同じにしないといけないためです。土の中ではなく，湿らせた脱脂綿の上に置いたのも，比較の邪魔になりそうな要因はできる限り取り除いておきたいためです。このようにした上で，「常温の室内に置いた種は発芽したが，冷蔵庫に入れたものは発芽しなかった」ことが観察されると，「発芽には一定以上の気温が必要だ」ということが確かめられるのです。

　しかし，自然界においてこのような状況はあり得るでしょうか。つまり自然界で，脱脂綿の上で発芽したり，冷蔵庫の中に入ったりすることがあるかというと，それはまずないでしょう。でも，だからと言って，「こんな自然界にありもしない状況を試しても意味は無い！」と言う人がいるでしょうか？　「発芽と気温の関係」を確認する実験ですから，他の要因はできる限り取り除いて，理想的な状況にするのが望ましいと考えるはずです。「完全競争市場」はそのようなある種の「理想的な状況」を考えることだといえるのです。

　第 3 章で想定されていたのも，この完全競争市場でした。まずはこのような市場を想定し，その上で，「では，少数の生産者しかいない状況では何が起こるのか」，「供給する財が同質でなければどうなるのか」といったことを 1 つずつ確かめていきます。現実の経済は複雑なものですが，だからといってその複雑さをそのまますべて受け止めて分析しようとすれば，結局何もわからないまま終わってしまうでしょう。時々，完全競争市場で置かれている仮定を批判し

て
「現実はこんな単純なものではない！　だから今の経済学は全く何の役にも立
たない！！」
と主張する人を見かけることがあります。皆さんはこのような間違った捉え方
をすることのないようにしてください。

4.3　市 場 均 衡

　では，完全競争市場の価格というのはどのように決定されるのでしょうか？
皆さんは，すでに「需要曲線」と「供給曲線」について学びました。これらの
曲線は個々の経済主体（消費者と生産者）が「財の価格が＊＊円なら＃＃個消
費する（供給する）」ということを表していましたね。すると，これらの曲線
が交わったところなら，消費者の「この価格なら＊個買おう」という思いと，
生産者の「この価格なら＊個売ろう」という思いが一致する，つまり需要量と
供給量が一致することになります。この交点は**市場均衡**，このときの価格は**市
場価格**あるいは**均衡価格**と呼ばれます。また，市場価格のもとで生産される生
産量は**均衡生産量**と呼ばれます。図4.1のP^*とQ^*がそれぞれ市場価格と均衡
生産量を表しています。

　もし他の条件に変化が無ければ，財の価格はこの均衡価格で決まり，そこか
ら変化することはありません。言い方を変えると，何らかの事情で均衡価格か
ら外れてしまったとしても，いずれは均衡価格に落ち着くということです。こ
のことは第1章でも学びましたが，ここで再度確認してみましょう。図4.2
を見てください。価格が市場価格より高いP^{**}だったとしましょう。すると，
この価格のもとでは需要量はQ^1，供給量はQ^2となることがわかります。こ
れは**超過供給**と呼ばれる状況です。いわゆる，「売れ残り」が発生することに
なり，これを解消するために価格は低下します。これは市場による価格調整と
呼ばれ，結局，市場価格まで価格は低下します（価格調整は経済学者レオン・
ワルラスの名を取って「**ワルラス調整**」とも呼ばれます）。逆に超過需要が発

図4.1　市場均衡

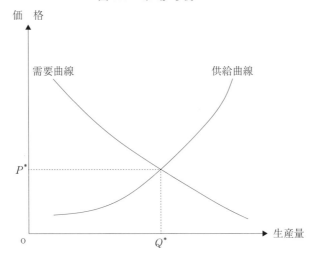

図4.2　価格調整

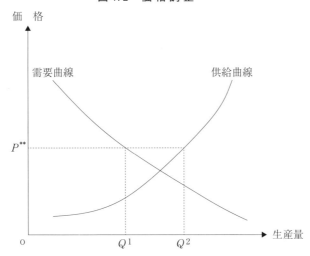

生する場合は，価格は上昇します。

　また価格ではなく，数量が変化することで市場均衡が達成されるケースも考

えられます。図4.3を見てください。生産量がQ^{**}だったとしましょう。このとき，P^1の価格であればすべての財が消費されます。これに対し，生産者は最低でもP^2であればこの数量の生産が可能です。すると，もっと高い価格でも買ってもらえるとなれば，生産者は供給量を増やすと考えられます。これは**数量調整**と呼ばれ，その生産量の増加は均衡生産量に到達するまで続くことになります（数量調整は経済学者アルフレッド・マーシャルの名前を取って「**マーシャル調整**」とも呼ばれます）。

図4.3　数量調整

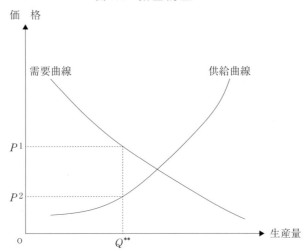

　さて，均衡に到達すると，価格と生産量は変化しないことがわかりましたが，現実の経済を考えた際，価格と生産量は一定の値に留まる傾向にあるでしょうか？　完全競争市場というものが現実にはなかなか観察されないことはすでに指摘しましたが，これに比較的近いものに「株式市場」が挙げられます。特に上場された株式は多くの売り手と買い手が存在し，情報も広く公開されています。しかしご存知の通り，株価というものは日々刻々と変化し，一定の値に留まっているとは到底考えられません。なぜでしょうか？　それは価格と数量以外の「他の条件」が刻々と変化しているためです。例えば，人びとの所得が増

加し，もっと株式を持ちたいと思ったとしましょう。すると，需要曲線は上方にシフトし，それに合わせて均衡価格も上昇します。つまり，価格が変化した場合は，その原因が何なのかをしっかり見極めることが重要です。何らかの一時的なショックであるなら，上で見たようにいずれは元の均衡価格に収まりますが，需要曲線もしくは供給曲線のシフトによるものであるなら，新しい均衡価格に向かって変化すると考えられるのです。

4.4　市場の効率性と社会的余剰

　次に**社会的余剰**という概念を学びましょう。経済学において，ある市場が効率的かどうかを考える場合，この社会的余剰の大きさが一つの判断基準となります。

　これまでは需要曲線を連続した曲線として描きましたが，ここで需要量を「1個，2個……」と捉え，棒グラフのように描いてみましょう。すると図4.4のようなグラフになります。市場価格がP^*だったとすると，4個まで商品が購入されることが分かります。ここで，始めの1個を買う人は，実は$\bar{P}$までお金を払う準備があったことに注意してください。つまり，この1個目を買った人は「$\bar{P} - P^*$」の分だけ得をしたと考えることができます。同じことが2個目を買った人に関しても当てはまります（1個目と2個目を買うのが同じ人でも構いません）。したがって，図4.4の斜線部で示された部分，価格を示す線より上の部分に当たるところは消費者が得をした部分であると考えられるのです。これは**消費者余剰**と呼ばれます。ここでは需要量が小さかったため，階段状の棒グラフで示されましたが，よりたくさんの財を考え同様のグラフを描いたなら，このような階段は滑らかな曲線に近づいていくでしょう。結局，消費者余剰は図4.5で示されているように「需要曲線と価格を示す直線で囲まれた部分」で表されることになります。この消費者余剰が大きいほど，消費者にとっては良い市場であると判断することができるのです。

図4.4　需要曲線と消費者余剰(ⅰ)

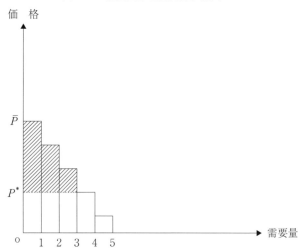

図4.5　需要曲線と消費者余剰(ⅱ)

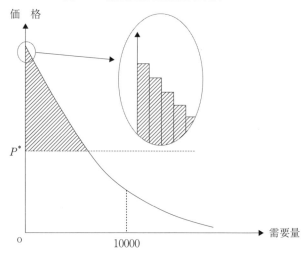

　生産者に関しても同じような余剰の概念が存在します。生産量を1個，2個……と捉え，供給曲線（あるいは限界費用曲線）を棒グラフ状に描くと図4.6のようになります。ここで市場価格がP^*だったとしましょう。すると，限界費用と一致する5個目まで財は生産されます。しかし，1個目の財に関しては$\underline{P}$の価格でも生産されていたはずです。つまり，企業は1個目の財の生産に関して$P^* - \underline{P}$だけ得をしたとも言えます。同じことが2個目，3個目の財に関しても当てはまります。したがって，図4.6の斜線部で示された面積の部分，価格を示す線と棒グラフの間に挟まれた部分に関しては生産者が得をした部分であると考えられます。これは**生産者余剰**と呼ばれます。ここでも小さい供給量を考えたため，階段状の棒グラフで描かれましたが，よりたくさんの財を考え同様のグラフを描いたなら，このような階段は滑らかな曲線に近づいていくでしょう。結局，生産者余剰は図4.7で示されているような「供給曲線と価格を示す直線で囲まれた部分」で表されることになります。この生産者余剰が大きいほど生産者にとってその市場は良い市場であると判断できるのです。

図4.6　供給曲線と生産者余剰(ⅰ)

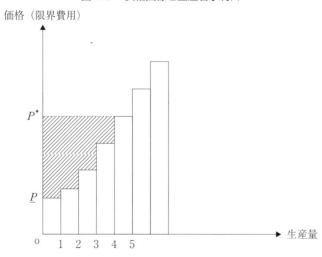

図4.7　供給曲線と生産者余剰(ii)

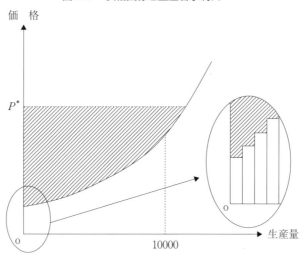

　一方，図4.8では消費者余剰と生産者余剰が一つのグラフにまとめて描かれています。網掛け部分は消費者余剰と生産者余剰を足したものであり，これは**社会的余剰**もしくは**総余剰**と呼ばれます。もし消費に課税が行われたり，生産に補助金が与えられたりする場合には，社会的余剰はそれらも考慮し求められます（第5章，第6章で詳しく学びます）。つまり，社会的余剰とはその市場に参加しているすべての消費者と生産者が「得をした金額」を足し合わせたものであると言えます。したがって，この社会的余剰が大きいほど，効率的な市場であると考えられるのです。

図 4.8　社会的余剰

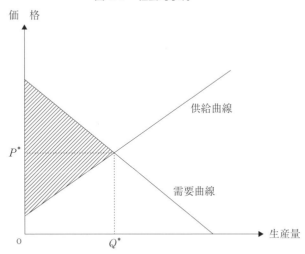

　ここで，生産者が皆で話し合い，

「もっと生産量を減らし，価格を吊り上げよう」

と決定したとしましょう。生産者が無数に存在する完全競争市場では，そのような話し合いは不可能であると考えられますが，ここでは仮にそれが可能であったとします。いわゆる，「カルテル」というものです。すると，社会的余剰は図 4.9 のように変化します。ここで，消費者が支払う価格は P^{**} です。したがって，消費者余剰は三角形 $AP^{**}D$ に減少します。他方，生産者余剰は台形 $P^{**}DFC$ になります。このケースでは明らかにカルテルを結ぶ前の生産者余剰よりも大きくなっています。つまり，生産者はある程度，生産量を減少させて価格を吊り上げることで，より多くの利益を出すことができるのです。しかし，その一方で消費者は損害を受け，社会的余剰は三角形 DEF の分だけ減少します。この三角形 DEF は死荷重（しかじゅう）と呼ばれます。このようにカルテルは，消費者に損害を与えることで生産者に利益をもたらすものであることから，法律により禁止されています。

図4.9 社会的余剰の変化

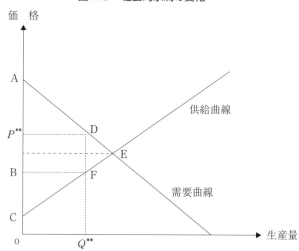

4.5 社会的余剰の計算

　需要曲線と供給曲線が文字通り曲線で表される場合，社会的余剰などの大きさを求めるためには積分の計算が必要になります。しかし，もしこれらが直線で表されるなら，市場価格や社会的余剰などは比較的，簡単に計算することができます。では，実際にそれらはいくらになるのか，例題を解いて求めてみましょう。

（例題）

　需要曲線が $Q^d = 100 - P/2$，供給曲線が $Q^s = -20 + P$ で与えられているとき，均衡価格，均衡生産量，消費者余剰，生産者余剰，社会的余剰はそれぞれいくらになるか求めましょう。ただし，Q^d と Q^s は財の数量を，P は財の価格を表しています。

（答）

　均衡価格と均衡生産量は需要曲線と供給曲線の交点で求められるのでしたね。したがって，$Q^d = Q^s$とし

$$100 - P \diagup 2 = -20 + P$$

を解くと，

$$P = 80, \quad Q^d = Q^s = 60$$

と求まります。また，これらの需要曲線，供給曲線をグラフに描くと，図4.10のようになります（縦軸が価格，横軸が生産量であることに注意してください）。したがって，消費者余剰は

$$(200 - 80) \times 60 \div 2 = 3600$$

生産者余剰は

$$(80 - 20) \times 60 \div 2 = 1800$$

社会的余剰は

$$(200 - 20) \times 60 \div 2 = 5400（もしくは，3600 + 1800 = 5400）$$

と求まります。

図4.10　社会的余剰の計算

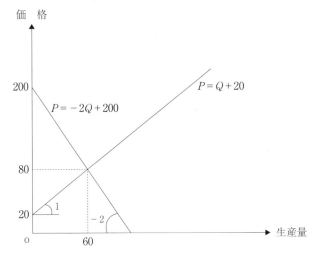

練習問題

問題1　次の①〜⑤のうち，完全競争市場の説明として誤っているものはどれか答えなさい。ただし，答えが1つとは限らない。

① 消費者も生産者もプライス・テイカーとして行動する。
② 全ての生産者が同質な財を生産するため，価格競争が生じる。
③ 市場への参入に，ライセンスや国の許可は不要である。
④ ひとりの生産者が生産を止めても，市場価格は変化しない。
⑤ 財についての情報は，消費者よりも生産者の方が多く持っている。

問題2　完全競争市場において需要曲線が $q^d = 120 - p$，供給曲線が $q^s = -40 + p$ で示されるとき，以下の問いに答えなさい。ただし，q^d と q^s は財の数量を，p は価格を表すものとする。

(1) 需要曲線と供給曲線をグラフに描きなさい。
(2) この市場の均衡価格と均衡生産量をそれぞれ求めなさい。
(3) この市場の消費者余剰，生産者余剰，社会的余剰の大きさをそれぞれ求めなさい。

第5章

政府の市場介入：
価格規制，税・補助金政策

これまでの章では，消費者と生産者それぞれが合理的にふるまうことで市場均衡が達成されることを学習しました。さらに，市場の効率性を測るための概念である社会的余剰について学びました。本章ではまず，「消費者と生産者が望むままにふるまった結果に達成される市場均衡において，社会的余剰が最大となっている」という意味で効率的な資源配分が実現していることを説明します。その後，新たな経済主体として**政府**を登場させ，代表的な政策である価格規制と税・補助金政策の効果を分析していきます。この分析を通じて，自由放任主義（laissez-faire）のもとで成立している市場の効率性が，政府による**市場介入**によって損なわれる場合があることを学びましょう。

5.1　市場均衡における効率的な資源配分

前章で学んだように，完全競争市場において，需要量と供給量が一致する状態を市場均衡と呼びます。図5.1のような需要曲線と供給曲線が与えられた場合は，E点が市場均衡であり，対応するP^*とQ^*がそれぞれ市場価格と均衡生産量になっています。

ここで，市場均衡で実現している資源配分―どのような消費者が財を購入し，どういった生産者が生産に必要な資源を使って財を生産しているか―を考えましょう。まず，消費者について見ていきます。前章と前々章のおさらいになりますが，市場の需要曲線は個々の消費者の需要曲線を足し合わせたものであり，それぞれの消費者の需要曲線の高さはその消費者が追加的に1単位財を購入するときに支払ってもよい最大の許容額（これを**限界支払用意**と呼ぶことから，需要曲線は限界支払用意曲線でもある）を表していました。したがって，与え

図5.1　市　場　均　衡

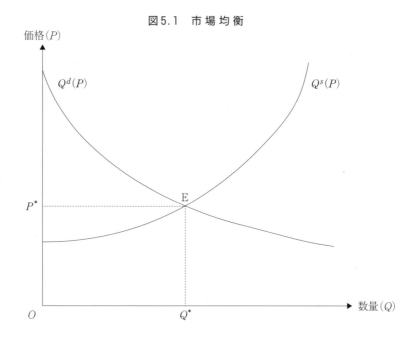

られた市場価格のもとで財を購入しているのは，それが何個目であれ限界支払
用意が市場価格以上であった消費者です（もし限界支払用意と市場価格が同じ
ならば，消費者は財を購入すると考えましょう）。裏を返せば，均衡での取引
を終えた今，すべての消費者の限界支払用意は市場価格未満になっています。

　次は生産者についてです。市場の供給曲線は個々の生産者の供給曲線を足し
合わせたものであり，それぞれの生産者の供給曲線は限界費用曲線と一致して
いることを思い返してください。そうすると，与えられた市場価格のもとで財
を生産・販売しているのも，生産した個数によらず限界費用が市場価格以下で
あった生産者です（限界費用と市場価格が同じならば，生産者は財を生産・販
売すると考えましょう）。ゆえに，均衡での取引完了後にはすべての生産者の
限界費用は市場価格より大きくなっています。

　以上の説明を踏まえて，取引量を均衡生産量Q^*に固定したうえで，買い手
や売り手を変更すると，社会的余剰が減少することを見ていきます。もちろん，

買い手や売り手を自由に選んで変えるというのは現実的でないでしょう。ここでは，そのような強権的なやり方をもってしても社会的余剰を増やすことができないというのを理解してください。

今，財 1 単位の買い手を変えてみましょう。この場合，どのように買い手を変更したとしても，元の買い手の限界支払用意は市場価格以上だったのに対して，新しい買い手の限界支払用意は市場価格未満です。したがって，限界支払用意と財の購入金額である市場価格との差をすべての取引量分足し合わせたものが消費者余剰であるので，買い手を変えるという操作は消費者余剰を減少させることになります。

今度は，財 1 単位の売り手を変えてみましょう。このときの話は買い手の変更と同様です。どのように売り手を変更したとしても，元の売り手の限界費用は市場価格以下であるのに対して，新しい売り手の限界費用は市場価格より大きいです。すなわち，財の販売金額である市場価格と限界費用の差をすべての取引量分足し合わせたものが生産者余剰であるので，売り手の変更は生産者余剰を減少させることになります。

以上より，市場均衡で達成される状態から取引量を変えずに資源配分を変更すると，消費者余剰または生産者余剰が減少するため，この 2 つの余剰の和である社会的余剰も減少してしまうということが確認できました。

次に，取引量を均衡生産量 Q^* から変更した場合も社会的余剰が増加しないことを見ていきます。そもそも，取引量 1 単位の変化がもたらす社会的余剰の変化についてですが，社会的余剰は消費者余剰と生産者余剰の和であることから，取引に伴う（限界支払用意 − 限界費用）の大きさだけ社会的余剰が変化することを押さえておいてください。

まず，均衡生産量から 1 単位取引を増やした場合の社会的余剰の変化を見ていきましょう。すでに説明したように，市場均衡での取引完了後には，限界支払用意が市場価格 P^* より小さい買い手と限界費用が市場価格 P^* より大きい売り手しか残っていません。そのため，どのように 1 組の買い手と売り手を選んで取引させたとしても，その取引では（限界支払用意 − 限界費用）の値が負と

なるので，社会的余剰は減少します。

　それでは，均衡生産量から1単位取引を減らした場合の社会的余剰の変化はどうなるでしょうか？　市場均衡での取引完了後，財をすでに購入した買い手の限界支払用意は市場価格P^*以上であり，財をすでに生産・販売した売り手の限界費用は市場価格P^*以下でした。すなわち，どのように1組の財の購入者と生産・販売者を選び，その購入ならびに生産・販売をなかったことにしても，（限界支払用意－限界費用）の値が非負であるので，社会的余剰が増加することはありません。

　ここまで，均衡生産量Q^*から1単位の取引の増減を考えてきましたが，複数単位増減させた場合についても，同様の議論により，社会的余剰は増えないことが説明できます。

　ここまでの話をまとめると，市場均衡で実現している資源配分から，取引量を変えないように資源配分を変更する，あるいは取引量を変化させるような資源配分の変更を行なったとしても，社会的余剰を増やすことはできません。言い換えれば，消費者と生産者が望むままにふるまった結果に達成される市場均衡において，社会的余剰が最大化されているという意味で効率的な資源配分が実現しているということになります。

5.2　政府の役割

　ここからは，消費者と生産者に加えて，政府を新たな経済主体として取り入れていきます。これにあたり，はじめに政府とはどのような存在であるかを考えてみましょう。一般的に，政府という言葉は政（まつりごと）を行なう府（中心）となる所を意味し，国家の統治を行なう組織全体を指しますが，日本ではもう少し範囲を狭め，内閣と中央省庁のことを政府と呼んでいます。本章でも後者の意味で政府という言葉を使用します。なお，内閣の構成員である総理大臣，及び，国務大臣の過半数が国会議員であり，政府は国民の信託を受けた存在として，国民に由来する権威を持ち，国民のための政治を行なう権力を

有します。

　それでは，政治を行なうとはどのようなものでしょうか？　政府の役割について見ていきましょう。政府は，外交，国防，道路整備，大学設置認可，年金制度の維持など，様ざまな役割を担っています。そのなかでも，政府の行なう経済活動を**財政**と呼びます。以下で説明するように，財政には主に3つの機能があります。

　1つ目の機能は，**資源配分機能**です。防衛基盤や一般道路，公園などの公共財と呼ばれるものを提供することや，ある特定の経済活動が市場を介さずに第三者に影響を及ぼす**外部性**が発生する場合に，その経済活動を抑制または促進するために税や補助金を課す，あるいは規制の強化や緩和を行なうといった政策がこの機能を持ちます。外部性については次章で詳しく扱います。

　2つ目の財政の機能は，**所得再分配機能**です。社会には所得の多い人と少ない人が存在し，格差が生じています。もちろん，個人間での能力や努力に違いがあるため，すべての人びとの所得が同じ水準にならないのは当然でしょう。しかしながら，行き過ぎた所得格差は望ましいものではありません。格差の拡がりに伴い所得が少なく日々の生活に困るような人が現れるのを防ぐ必要があります。そのために，政府は社会保障制度を整備しています。この制度では，各種保険料，税金，国債によって財源を確保し，失業者への失業手当や家族の介護のために休業する人への介護休業給付金，高齢者への年金や医療給付，生活に困窮している人への生活保護費などといった形で，所得の低い人びとへ支給されるという再分配が行なわれます。また，社会保障費の財源にもなっている所得税は，所得の高い人ほど税率が高くなるという累進課税制度が適用されています。これは所得格差の拡がりを抑える役割を果たしています。

　3つ目の財政の機能は，**経済安定化機能**です。政府は，景気が過度に過熱・低迷するのを防ぐために，公共事業の拡大・縮小または増税・減税を行ない景気が安定するように試みます。また，政府は法人税や所得税に先に説明した累進課税制度を導入することで，景気の状態に応じて納税額が自動的に変更されて，景気が安定するようにしています。

　ここまでは，政府とその役割についての一般的な説明をしてきました。ここからは，個々の具体的な政策が市場に対してどのような効果を及ぼすかを見ていきます。

5.3 価格規制

　先に説明したとおり，完全競争市場は何も手を加えずとも，需要と供給が一致する市場均衡に至り，資源配分が効率的となる均衡価格と均衡生産量が実現します。したがって，社会的余剰を増大させるために，政府が市場に介入してできることはありません。しかしながら現実社会では，政府は諸々の理由で市場への介入を行なっています。ここからは，そのような市場への介入の1つである**価格規制**の効果について検証しましょう。

　価格規制には**上限価格規制**と**下限価格規制**の2つがあります。上限価格規制は，市場で決まる価格が高くなり過ぎないように，規制対象となる財の価格の上限を定めるものです。この規制は，財価格の高騰を防ぎ，消費者が財を手に入れやすくするという消費者保護を目的として実施されています。上限価格規制の代表例は家賃規制です。日本では，1939年から1986年にかけて地代家賃統制令が施行され，土地や家屋の地代や家賃の上限額を政府が定めていました。なお，アメリカをはじめとする諸外国では，賃貸住宅の家賃について，年間での値上げ率の上限を定めるという形式での家賃規制が現在でも行なわれています。これには，諸外国の特に主要都市において，毎年賃貸住宅の賃料が上昇することに借家人が苦しんでいるという背景があります。一方，下限価格規制では，市場価格が低くなり過ぎないように，価格の下限を定めます。この規制は，価格の低落を防ぐことで，財を供給することから得られる利益を増やすという供給者保護を目的としています。下限価格規制の代表例は最低賃金制度です。この制度により，政府は最低賃金法に基づき賃金の最低額を保障することで，労働条件の改善を目指しています。

　以下ではこれらの価格規制の効果を見ていきます。その前提として，ある財

の市場における需要曲線が$Q^d(P)$，供給曲線が$Q^s(P)$であり，価格規制が行なわれない場合の市場均衡は価格がP^*，生産量がQ^*であるとします。ここでの上付き添え字dとsはそれぞれ需要と供給を意味するdemand，supplyの頭文字です。

5.4　上限価格規制

まず上限価格規制について考えます。ここで規制価格を$\bar{P}$で表しましょう。このとき，均衡価格より高い水準に規制価格が設定された場合$(\bar{P}>P^*)$は，市場への影響はありません。なぜならば，規制前の均衡価格であるP^*が規制後の市場価格となることは妨げられないため，需要と供給が一致する市場均衡が実現するからです。このような場合，規制は**拘束的**ではないと言います。これに対して，規制価格が均衡価格より低く設定されたならば$(\bar{P}<P^*)$，規制は市場に影響を及ぼします。その理由は，規制前の均衡価格であるP^*は規制価格を上回っているため，規制後の市場価格にはなり得ないからです。このように，市場に影響を及ぼすような場合を規制が拘束的であると言います。以下では，規制が拘束的なときに市場で実現する状況を見ていきます。

まず，上限価格規制が拘束的である場合の市場価格は上限価格と一致すること，及びに，上限価格のもとでは超過需要が生じることを理解しましょう。そもそも，規制により市場価格が上限価格を上回ることはないので，市場価格は上限価格以下にしかなり得ません。このとき，上限価格は規制前の均衡価格より低いので，超過需要が発生します。この超過需要の解消に向けて，市場が持つ価格調整機能により価格に上昇圧力がかかり，市場価格は上限価格まで押し上げられます。ただし，上限価格も均衡価格より低いため，超過需要は依然として発生したままとなります。次の図5.2を見てください。

市場価格が上限価格$\bar{P}$となっている場合，需要量が$Q^d(\bar{P})$であるのに対して，供給量は$Q^s(\bar{P})$となり超過需要が発生することが分かります。

超過需要が生じているとき，与えられた市場価格のもとでは，供給量が足り

図5.2　上限価格での超過需要

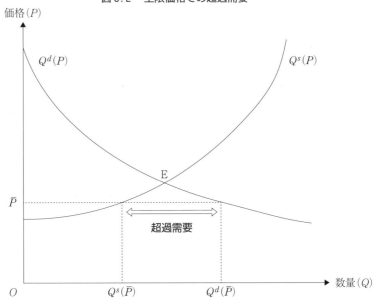

ないため，財を欲しいと思っているすべての人びとが財を購入することはできません。すなわち，一部の人びとはお金を払ってでも欲しいと思っているにもかかわらず財を購入することができないのです。この場合，誰が財を購入することができるかが問題となりますが，ここでは話を簡単にするために「限界支払用意が高い消費者から順に財が割り当てられる」と仮定しましょう。この仮定について，詳しくは触れませんが，消費者と生産者が取引する当該市場に加えて，消費者間での転売市場が整備されている場合には成立することが知られています。したがって，この仮定は現実離れしたものではありません。

　上記の仮定のもとでは，誰が財を手にするかが決まるので，消費者余剰を求めることができるようになります。次の図5.3を見てください。これは図5.2で表した状況における消費者余剰と生産者余剰を明示したものとなっています。

図 5.3 上限価格規制のもとでの市場均衡

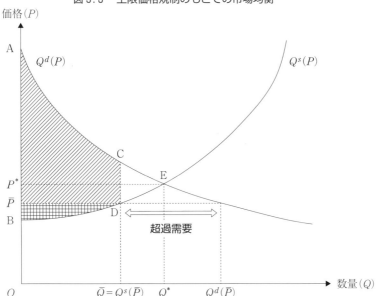

上限価格 $\bar{P}$ のもとでは，需要量が $Q^d(\bar{P})$ であるのに対して供給量は $Q^s(\bar{P})$ となり，需要をすべて満たすことはできず，供給された量だけが消費者の手に渡ります。このとき，限界支払用意が高い消費者から順に財を購入することになります。その結果，限界支払用意を表す需要曲線の高さから価格 $\bar{P}$ を引いたものを横方向に取引量 $Q^s(\bar{P})$ まで足し合わせた，ACD$\bar{P}$ を頂点に持つ斜線部の面積分の消費者余剰が生まれます。

一方，生産者余剰は頂点 $\bar{P}$DB から成る格子線部の面積になります。もちろん，社会的余剰は消費者余剰と生産者余剰の和であり，ACDB を頂点に持つ図形の面積になります。なお，規制前の市場均衡が実現している状況の消費者余剰は頂点 AEP^* から成る図形の面積，生産者余剰は頂点 BEP^* から成る図形の面積であり，社会的余剰は頂点 AEB に囲まれた図形の面積です。

今，上限価格規制後のそれぞれの余剰を，規制前のものと比べることで，規制の効果を検証しましょう。まず，生産者余剰は規制により縮小することが分

かります。なぜならば，上限価格規制のもとでは過少供給となるため取引量は
供給曲線上で定まり，規制により価格が低下するからです。次に消費者余剰の
変化についてですが，こちらは増えるか減るかは一概には分かりません。価格
が下がったことで，財を手に入れることができた消費者の便益は増えますが，
供給量が減ったために財を手にする消費者が減ってしまうからです。もし価格
の変化に対して供給量が大きく反応するならば，後者の効果が強まり，消費者
余剰は減少してしまいます。最後に社会的余剰の変化を見ましょう。規制によ
り供給量が減ってしまい，取引量 $Q^* - Q^s(\bar{P})$ だけ減少します。そして，この
取引から発生するはずであった（限界支払用意－限界費用）を足し合わせた分
の社会的余剰が規制により失われてしまいます。これが頂点CEDで囲まれた
図形の面積であり，規制が生み出してしまった死荷重です。要するに，市場均
衡での取引量で社会的余剰は最大化されるので，規制により取引量が減少すれ
ば，社会的余剰は減ってしまいます。

　以上の結果について，代表的事例として挙げた家賃規制になぞらえて考えて
みましょう。家賃が高騰し支払いに苦しむ，または借りることができない消費
者に向けて，家賃の価格を規制によって下げようとするのは表面的には効果的
に見えます。しかしながら，価格が下がることで供給される賃貸物件数が減少
するため，物件を借りることができない人が増えてしまいます。さらに，賃貸
物件は又貸しが契約で禁止されている場合がほとんどです。そのため，転売に
相当する行為は行なわれません。したがって，物件を高く評価している人が借
りることができないにもかかわらず，低い評価の人が借りられるという状況も
生じ得ます。また総じて，物件を貸す側と借りる側の双方が得られる便益の大
きさの和が規制によって小さくなるため，規制は賃貸物件市場における経済活
動を非効率的なものにしていると言えます。

5.5　下限価格規制

　次に下限価格規制の効果を考えます。ここでは，下限価格を $\underline{P}$ で表します。

下限価格規制も拘束的な場合（$\underline{P} > P^*$）と拘束的でない場合（$\underline{P} < P^*$）があ
りますが，以下では前者を扱います。

図5.4を見てください。下限価格規制のもとでは市場価格は下限価格$\underline{P}$と
なり，需要量は$Q^d(\underline{P})$であり供給量は$Q^s(\underline{P})$になります。そして，上限価格
規制の場合とは対照的に，超過供給が生じます。このとき，誰がどれだけ財の
生産・販売を行なうかという問題が生じますが，ここでも簡単化のために「需
要と見合った分の生産・販売を（限界費用が小さいという意味で）効率的な生
産者から順に行なう」という仮定を置きます。このとき，限界費用を表す供給
曲線の高さが低い順番に生産が行なわれるため，横方向に取引量$Q^d(\underline{P})$まで
足し合わせた，OBD$Q^d(\underline{P})$を頂点とする図形の面積分の費用が発生します。

図5.4　下限価格規制のもとでの市場均衡

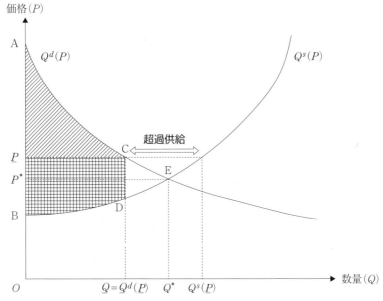

ここからは上記の仮定のもとで，下限価格規制について，規制前後の余剰を
比較して効果を調べていきます。まず，規制前の市場均衡が実現している状況
についてですが，図5.4において，消費者余剰は頂点AEP^*から成る図形の面

積，生産者余剰は頂点BEP^*から成る図形の面積，社会的余剰は頂点AEBに囲まれた図形の面積です。規制後の超過供給発生時は，消費者余剰は頂点ACPから成る斜線部の図形の面積，生産者余剰は頂点BPCDから成る格子線部の図形の面積であり，社会的余剰は頂点ACDBに囲まれた図形の面積になります。したがって，消費者余剰は規制により価格が上がり，取引量も減るため減少します。一方，生産者余剰は価格が上がりますが，取引量が減少するので余剰が増えるか減るかは明白ではありません。これに対して社会的余剰については，上限価格規制のときと同様に，規制により取引量が減ってしまうため減少します。結果的に，頂点CEDで囲まれた図形の面積分の死荷重が発生します。

　以上の結果に基づいて，最低賃金制度の検証をしましょう。ただし，余剰分析の結果を労働市場に当てはめるにあたって留意すべき点があります。労働を需要するのは企業なので，上の分析の消費者余剰は企業が手にする余剰になります。そして，労働を供給するのは家計であり，上の分析の生産者余剰は家計が得る余剰になります。まず企業への最低賃金制度の効果ですが，制度の導入により労働者を雇う際の賃金が高くなり雇用量を減らすため，企業が得られる便益は小さくなります。次に家計への効果に注目しましょう。賃金が上がることで雇用された人の便益はたしかに増えますが，その裏で超過供給，すなわち失業者が生まれています。これは，最低賃金制度の導入前は提示された賃金のもとで働きたいと思う人は全員雇用されていたにもかかわらず，導入後は働きたくても雇用されず働けない人が現れてしまうことを意味します。さらに，分析では労働を効率的に供給できる人から順に雇われると想定しましたが，現実にはそのようなことは起こらず，労働供給に負担をあまり感じない有用な人材が雇用されないということも起きてしまいます。加えて，雇用量そのものも制度の導入により減少しており，社会の構成員全体が受け取る便益の大きさも減少します。以上を踏まえると，最低賃金制度が労働者の保護に成功し，人びとの生活を豊かなものに導くしくみだとは言い難いでしょう。

　ここまで，政府が価格を規制するという市場介入は，市場の効率性を損なう

うえに，消費者または生産者を保護するという目標の達成も不十分となることを見てきました。しかしながら，この分析結果は完全競争市場を念頭に置いたことに依拠しており，完全競争ではない市場においては政府の介入が効果的と考えられる場合もあります。これについては，より上級のミクロ経済学，公共経済学，労働経済学といった授業で学んでください。

5.6　税・補助金政策について

　上で説明したように，政府は様ざまな経済活動を行なっていますが，その財源を確保するために国民から税を徴収しています。また再分配の一環として補助金の支給も行なっています。ここでは，税や補助金を課すことで，市場において消費者や生産者の行動がどのように変わるか，そして余剰にどう反映されるかを見ていきます。そして，税・補助金政策という形の市場介入によっても資源配分が歪み，市場が持つ効率性が損なわれることを学んでいきます。

5.7　課税政策

　はじめに課税について考えます。ただしここでは，税制度に関する詳しい説明には立ち入らず，みなさんが最も身近に感じているであろう消費税，酒税，ガソリン税（揮発油税及び地方揮発油税），たばこ税などの取引価格や取引量に応じて課される税の市場への影響に焦点を当てます。税制度については財政学で学んでください。さて，今 4 種類の税を挙げましたが，消費税とその他の税では税額の計算方法が異なります。消費税は財の取引価格に基づいて税額が決まる**従価税**です。例えば税率が 10 ％ならば，100 円の商品が取引された場合 10 円の税が課されます。一方，酒税，ガソリン税，たばこ税は財の取引量に基づいて税額が決定される**従量税**です。実際に 2022 年 7 月現在，ビールには 1 kℓ当たり 20 万円の酒税が課されています。この 2 つの課税方式の違いに関して，徴収のしやすさや物価変動の影響の受け方，税負担の公平性などはありますが，

後で説明するように，余剰分析上の効果は本質的には同じです。そこで以下では，従量税のみを考えていきます。

今，ある財に1単位当たり$t(\geqq 0)$円（tは税を意味するtaxの頭文字）の従量税が課されたとします。このとき重要となるのは，財の買い手である消費者が負担する価格と売り手である生産者の収入となる価格は異なるということです。前者を買い手価格（または消費者価格）と呼びP_bで表し，後者を売り手価格（または生産者価格）と呼びP_sと表記しましょう。下付き添え字bとsはそれぞれ買い手と売り手を意味するbuyer，sellerの頭文字です。このとき，次の関係式が成り立ちます。

$$P_b - P_s = t \tag{A}$$

この式について以下で詳しく説明します。

そもそも，各種の税は誰が負担するかという話とは別に，政府に対して誰が納めるかという納税義務者が定められています。例えば，消費税は財の買い手である消費者が負担しますが，納税の義務が課されているのは財の売り手となる事業者であり生産者です。一方，航空機燃料税という航空機燃料の積込数量に応じて課される税（2022年7月現在，航空機燃料1kℓ当たり1万3千円）の場合，燃料の生産者である石油会社ではなく，消費者である航空会社などに納税義務が発生します。今，買い手と売り手が財を取引する価格を取引価格と呼びましょう。生産者が納税義務者の場合は，取引価格と買い手価格は一致しますが，売り手価格は取引価格から税を引いたものとなります。これに対して，消費者が納税義務者の場合，取引価格と売り手価格は一致しますが，買い手価格は取引価格に税を加えたものとなります。いずれの場合にせよ，(A)式が成立することが分かります。

それでは，従量税が課されたときの市場均衡を求めていきましょう。課税対象の財について，需要曲線と供給曲線がそれぞれ$Q^d(P_b)$と$Q^s(P_s)$で与えられているとします。このとき，需要曲線は買い手価格が与えられたときの需要量，供給曲線は売り手価格が与えられたときの供給量を示していることに留意してください。消費者と生産者は取引価格ではなく，買い手価格や売り手価格に応

じて，消費量及びに生産量を決めます。さて，市場均衡では需要量と供給量が一致するので，次の式が成立します。

$$Q^d(P_b) = Q^s(P_s) \qquad (*)$$

ここまで理解すれば，課税後の市場均衡を求めるのは簡単です。(A)式と（*）式を連立して解き P_b と P_s を求め，需要曲線または供給曲線にこれらの値を代入すれば均衡での取引量が求まります。

ここで，図5.5を見てください。横軸はこれまで通り消費量と生産量といった数量を測っています。縦軸も価格を測っているという点ではこれまでと変わらないのですが，取引価格ではなく買い手価格と売り手価格の両方を測っていることに注目してください。この場合，税の大きさが変化しても，需要曲線と供給曲線の形状は変化しません。なお，他のミクロ経済学の教科書では，納税義務者が消費者であれば需要曲線が下にシフトし，生産者が納税義務者ならば供給曲線が上にシフトすると説明されていることがあります。これはグラフの

図5.5　課税政策のもとでの市場均衡

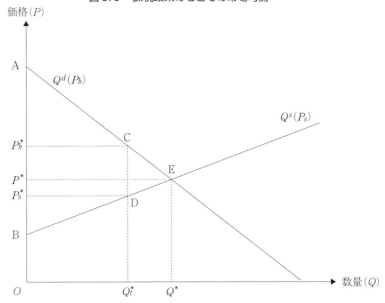

縦軸で取引価格を測ったときに起こる現象であり、本書のように縦軸で買い手価格と売り手価格の両方を測っている場合は起こりません。

さて、課税後の市場均衡について、買い手価格をP_b^*、売り手価格をP_s^*、均衡取引量をP_t^*と表しましょう。そうすると、図5.5で表されているように、P_b^*のもとでの需要量とP_s^*のもとでの供給量が一致し、$P_b^* - P_s^*$の大きさであるCD間の長さが税の大きさtと等しくなります。このとき、消費者余剰と生産者余剰はそれぞれ三角形ACP_b^*、三角形BDP_s^*の面積になります。そして、財1単位の取引につきtの税が課されているので、政府は四角形$P_s^* P_b^* CD$の面積分の税収を得ます。税収は政策を通じて国民に還元されるので、市場において生まれた社会全体での便益の大きさを表す社会的余剰の一部としてみなされます。したがって、この市場での社会的余剰の大きさは四角形ACDBの面積となります。

それでは、課税前の市場均衡が図5.5の需要曲線と供給曲線の交点Eであり、取引価格と取引量がそれぞれP^*とQ^*になることを踏まえて、課税による市場への影響を学びましょう。ここでは3つ押さえておくべきことがあります。

まず1つ目は、納税義務が消費者または生産者にあるかによらず、どちらも税による負担が発生することです。そもそも、(A)式と(＊)式は納税義務者がどちらの場合でも市場均衡で成立するものであり、図5.5は両方の状況を表すことができています。したがって、課税前は取引価格、買い手価格、売り手価格の3つが一致していることを考慮すれば、納税義務者が誰かによらず、課税により買い手価格が上昇し、売り手価格が下落していることが分かります。この価格変化は、消費者と生産者の双方に負担を生じさせます。

2つ目は、課税により取引量が減少することです。買い手価格の上昇と売り手価格の下落は、取引量を課税前の水準より少なくします。

3つ目は、課税により死荷重が発生しているということです。課税前の消費者余剰と生産者余剰はそれぞれ三角形AEP^*、三角形BEP^*の面積です。したがって課税により、消費者余剰は四角形$P^* P_b^* CE$、生産者余剰は$P^* P_s^* DE$の面積分小さくなります。このうち、四角形$P_s^* P_b^* CD$の面積で表される税収分は、

この市場にいる消費者と生産者から政府への所得移転として相殺され，社会的余剰を変えません。しかしながら，残りの三角形CEDの面積分の社会的余剰は失われてしまいます。これは取引量が減少したことで生じる死荷重です。

　以上より，ある財に従量税を課すと，消費者と生産者どちらにも負担を与えるうえに，取引量は減り死荷重が生まれ，その財市場の効率性は損なわれてしまうことが分かりました。

　なお，t 円の従量税ではなく $t(\geqq 0)$ ％の従価税の場合，課税後の市場均衡で成立するのが(A)式ではなく，次式に変わります（納税義務者が消費者か生産者であるかによらず）。

$$\frac{P_b}{P_s} = 1 + \frac{t}{100} \tag{B}$$

　その結果，図 5.5 のCD間の長さが $\frac{t}{100}P_s^*$ となりますが，消費者余剰，生産者余剰，税収表す図形の面積は変わりません。そのため，従価税の効果も従量税と同様になります。

5.8　補助金政策

　ここからは，補助金政策の効果を見ていきます。政府は消費や生産を促すために様ざまな補助金制度を導入しています。例えば，東京への人口集中を緩和し地方への移住を促すために，移住者に対して一定額の支援金が支払われる地方創生移住支援事業が行なわれています。また，新型コロナウイルスの影響で低迷した旅行需要を喚起するために，2020年には旅行代金の50％相当を補助するGo Toトラベル・キャンペーンが実施されました。他にも，政府は農業従事者に対して各種の支援を行なうことで，農産物が安定して供給されるようにしています。

　補助金に関しても課税の場合と同様に，買い手価格と売り手価格が異なります。生産者に補助金が支給される場合は，取引価格と買い手価格が一致しますが，売り手価格はそれらに補助金の大きさを足したものになります。一方，補

助金が消費者に支払われる場合は，取引価格と売り手価格が一致し，それらから補助金の大きさを引いたものが買い手価格となります。生産者と消費者のどちらに支給されるにせよ，1単位当たり$a(\geqq 0)$円の従量補助金の場合は次式が成立します（aは援助を意味するassistanceの頭文字です）。

$$P_s - P_b = \text{a} \tag{C}$$

なお，$a(\geqq 0)$％の従価補助金の場合は，次の式が成り立ちます。

$$\frac{P_s}{P_b} = 1 + \frac{\text{a}}{100} \tag{D}$$

　補助金が支給される場合の市場均衡の求め方も，課税の場合と同様です。補助金の対象となる財市場において，需要曲線と供給曲線がそれぞれ$Q^d(P_b)$と$Q^s(P_s)$であるとき，従量制の補助金ならば(C)式と（＊）式を連立して解けばよく，従価制の補助金ならば(D)式と（＊）式を連立して解けば市場均衡を求められます。

　図5.6は補助金導入後の市場均衡を表しています。ここでも，縦軸は取引価格ではなく買い手価格と売り手価格の両方を測っています。均衡での買い手価格をP_b^*，売り手価格をP_s^*，均衡取引量をQ_a^*としています。このとき，P_b^*のもとでの需要量とP_s^*のもとでの供給量が一致し，$P_s^* - P_b^*$の大きさであるCD間の長さが補助金の大きさと等しくなります。すなわち，従量補助金ならばa，従価補助金ならば$\frac{a}{100}P_b^*$です。消費者余剰と生産者余剰はそれぞれ三角形ADP_b^*，三角形BCP_s^*の面積であり，政府は四角形$P_b^*P_s^*$CDの面積分の補助金を支払います。補助金の財源は何らかの形で国民から徴収されるものなので，社会的損失として，この市場の消費者余剰と生産者余剰の和から引かなければなりません。したがって，この市場での社会的余剰の大きさは三角形AEBから三角形CEDの面積を引いたものとなります。

　補助金の効果に関しては，次の3つがポイントです。

　1つ目は，補助金が消費者または生産者のどちらに支払われるかによらず，双方が恩恵を受けるということです。これは，課税前と比べて，買い手価格が下落し，売り手価格が上昇していることによります。

図5.6　補助金政策のもとでの市場均衡

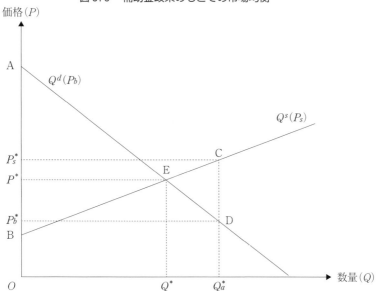

　2つ目は，買い手価格と売り手価格の変化に応じて，取引量が増加している
ということです。

　3つ目は，補助金の導入により取引量が増えたことで，死荷重が発生するこ
とです。補助金は消費者余剰と生産者余剰を増加させていますが，この増加分
を上回る補助金が使われてしまい，三角形CEDの面積の大きさ分の死荷重が
生まれています。

　以上より，補助金制度の導入により，対象となる財市場の消費者と生産者は
どちらも恩恵を受けるが，取引量が社会的に望ましい水準より過剰となるため
死荷重が生まれ，当該市場は効率的ではなくなってしまうことが分かりました。

練習問題

問題1 ある財の市場における需要曲線と供給曲線がそれぞれ次のように与えられているとします。

$$需要曲線：Q^d(P) = 100 - P$$
$$供給曲線：Q^s(P) = P - 20$$

このとき，以下の問いに答えなさい。

(1) 市場均衡における価格と取引量を求めなさい。

(2) 政府が上限価格を50に設定した場合の超過需要の大きさを求めなさい。さらに，このとき発生する死荷重の大きさも求めなさい。ただし，超過需要発生時，財を高く評価する消費者から順に割り当てられるとする。

(3) 政府が下限価格を70に設定した場合の超過供給の大きさを求めなさい。さらに，このとき発生する死荷重の大きさも求めなさい。ただし，超過供給発生時，財を効率的に生産できる生産者から順に生産・販売すると想定し，売れ残りは生じないとする。

問題2 ある財の市場における需要曲線と供給曲線がそれぞれ次のように与えられているとします。

$$需要曲線：Q^d(P_b) = 270 - P_b$$
$$供給曲線：Q^s(P_s) = 2P_s - 60$$

ただし，P_bは買い手価格，P_sは売り手価格を表すとする。このとき，以下の問いに答えなさい。

(1) 税や補助金がない場合の市場均衡における価格と取引量を求めなさい。

(2) 政府が1単位当たり30の従量税を課したとする。市場均衡における買い手価格，売り手価格，死荷重の大きさを求めなさい。

(3) (2)で求めたものと同じ市場均衡が実現するには従価税を何％に設定すればよいか答えなさい。

(4) 政府が1単位当たり15の従量補助金を課したとする。市場均衡における買い手価格，売り手価格，死荷重の大きさを求めなさい。

(5) (4)で求めたものと同じ市場均衡が実現するには従価補助金を何％に設定すればよいか答えなさい。

第6章
市場の失敗：外部性

　第5章では，完全競争市場では均衡において効率的な資源配分を達成するが，政府による市場介入はそのような市場が持つ機能を損なってしまうことを学びました。しかし，いかなるときでも市場に任せておけば望ましい状態となるわけではありません。本章では，外部性が存在する場合，市場に任せておくと社会的余剰を最大にするような効率的資源配分が達成されないという市場の失敗が発生することを勉強します。加えて，市場の失敗が起きている時には，政府による介入が有効であることを見ていきます。

6.1　市場の失敗

　はじめに，前章まで扱ってきた市場のしくみと市場が持つ力について振り返りましょう。

　市場という場においては，財を購入したい消費者と財を販売したい生産者が存在し，完全競争市場を想定すると，消費者と生産者はプライス・テイカーとして行動します。このとき，各消費者は与えられた価格のもとで自分の効用が最大になるように消費量を決め，市場に存在するすべての消費者の消費量を足し合わせたものが市場の需要曲線となります。また，生産者は与えられた価格のもとで自分の利潤が最大になるように生産量を決め，市場のすべての生産者について足し合わせることで市場の供給曲線が形成されます。そして市場メカニズムによって，需要量と供給量が一致する需要曲線と供給曲線の交点で表される市場均衡が実現します。この市場均衡で達成される資源配分は，社会的余剰を最大にするという意味で，社会全体にとって望ましい状態です。

　以上のようにまとめると，市場はシンプルなしくみでありながら，社会を良くするための力を備えていることが改めて分かります。しかし，市場は万能なものではありません。何も手を加えずに放ったらかしにしておくと，市場が保有する機能が発揮されず，資源が効率的に配分されない場合があります。このような状態となることを**市場の失敗**と呼びます。

　本章では，市場の失敗が発生する状況のうち，外部性がある場合について詳しく見ていきます。なお，外部性がある場合以外にも，市場の失敗を引き起こす要因はいくつか存在しますが，本書の範囲を超えるのでこれ以上は立ち入りません。

6.2　外部性とは

　ここまで，市場が存在するのを当然のこととして，消費者と生産者（あるいは政府）の行動が，市場を介してのみ，お互いに影響を及ぼしあう状況を考えてきました。詳しく言えば，消費者の行動は，市場で生産者に対価を支払うことで財を手に入れ，それを消費して自分の効用を高めるというものであり，生産者の行動は，財を生産し，それを市場で消費者に販売することで対価を得るものとしてきました。そして，ある消費者の消費活動やある生産者の生産活動そのものが，他の消費者の効用を増減させる，もしくは他の生産者の生産に掛かる費用や生産技術に影響を及ぼすことは想定していませんでした。しかしながら，現実の経済では市場を介さず（すなわち，対価の授受を伴う取引としてではなく）ある経済主体の行動が他の経済主体に影響を及ぼすことがしばしばあります。このような状況を，「外部性がある」と言います。外部性がある場合について，以下では例を用いて説明していきます。

　事例1　たばこによる受動喫煙

　たばこを吸う人は喫煙という行為から効用を得ていますが，それと同時に，副流煙によって周囲の人の健康を害してしまいます。このように，消費活動が他者にマイナスの効果を与える外部性が存在する場合は「消費の負の外部性」

があると言います。

事例2　工場でのCO_2排出による地球温暖化

これは，外部性と密接な関係にある環境問題の一例です。工業製品を生産するにあたって，石炭や石油をはじめとする化石燃料が使用されます。その際，地球温暖化の主な原因とされるCO_2（二酸化炭素）が排出されます。その結果，海面水位の上昇，農産物の収穫量減少や生態系破壊が引き起こされると考えられています。すなわち，この事例は生産活動が他者にマイナスの効果を与える外部性である「生産の負の外部性」が存在する状況です。

事例3　感染症対策のワクチン接種

接種費用を負担することでワクチン接種という医療サービスを受けることができ，接種者は感染症の発症・重症化の予防といった効果を得ることができます。このとき，ワクチン接種者は感染症に罹患しにくくなり他者にうつす可能性も低くなるため，接種した当事者以外も恩恵を受けることになります。このように，消費活動が他者にプラスの効果を与える外部性がある場合を「消費の正の外部性」が存在すると言います。

事例4　農業の多面的機能

農業は土地を利用して食料を生み出す生産活動ですが，その生産活動を通じて，国土・自然環境の保全や良好な景観の形成といった多面的機能も持っています。具体的には，田畑は雨水を一時的に貯めることができ，洪水の防止・被害の軽減をする働きを持ち，山間部に形成される棚田などの田園風景は観るものを和ませてくれます。すなわち，農業従事者が生産量を増やすにあたって農地を整備することは，人びとに恩恵をもたらします。このような，生産活動が他者にプラスの効果を与える外部性が存在する場合を「生産の正の外部性」があると呼びます。

以上の4つの事例を通じて，消費活動と生産活動のそれぞれが正の外部性と負の外部性を生み出している場合を見てきましたが，外部性を生み出す行動が消費であるか生産であるかによらず，正の外部性がある場合を**外部経済**が発生していると呼び，負の外部性がある場合を**外部不経済**が発生していると言いま

す。なお，発生している外部性が他者にプラスの効果を与えるかマイナスの効果であるのかを明確に区別できない場合もあります。次の事例を見てください。

事例5　集合住宅での楽器の演奏

アパートやマンションといった集合住宅において，ある部屋の住人がピアノを演奏したとしましょう。このとき，共同住宅に住む一部の住人はピアノの演奏を心地良いと感じているが，他の住人は演奏を不快に感じるということはあり得るでしょう。すなわち，ピアノの演奏は一部の人に対して正の外部性を生んでいる一方で，他の人に対しては負の外部性を同時に発生させています。

ここまで，ある経済主体の行動が市場を介さずに他の経済主体に影響を及ぼすことを外部性が発生していると呼んできましたが，単にある経済主体の行動が他の経済主体に影響を及ぼすことを外部性があると呼ぶこともあります。その場合，市場を介さずに影響が及ぼされるときには**技術的外部性**が存在すると言い，市場を介して影響が伝わる場合を**金銭的外部性**があると言います。この区別の仕方に基づけば，事例1〜5はすべて技術的外部性が発生している場合になります。これに対して，次の事例は金銭的外部性が存在する状況です。

事例6　大型ショッピングモールの新設による，周辺の地価上昇

大型ショッピングモールが建設されたことで，土地を持っていた人びとは何もせずに地価の上昇という影響を受けています。これは一見すると，土地を持っていた人びとが市場で取引をしたわけではないので，技術的外部性が発生しているように見えますが，そうではありません。これは，ショッピングモールが作られたことで利便性が高まり，その土地に魅力を感じる人びとの需要が喚起されたために均衡価格が上がったというものであり，市場での需要曲線のシフトによる均衡の変化として説明できます。次の図6.1を見てください。

この地域における土地の供給量は一定であり，垂直な供給曲線 $Q^s(P)$ で表され，ショッピングモールの建設前の需要曲線が $Q^d(P)$，建設後が $\bar{Q}^d(P)$ であるとします。ただしここでは，ショッピングモールの建設により土地の需要が増えたことを表すために，需要曲線 $\bar{Q}^d(P)$ を需要曲線 $Q^d(P)$ がその形状を変えずに右にシフトしたものにしています。この需要曲線のシフトにより，市場

図6.1　需要曲線のシフトによる市場均衡の変化

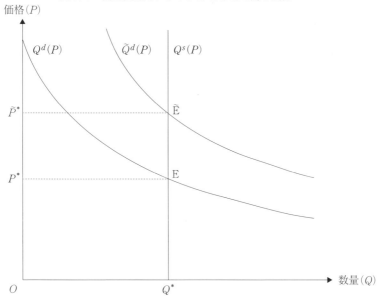

　均衡がE点から$\tilde{E}$点に移り，価格がP^*から$\tilde{P}^*$へと上昇していることが分かります。

　金銭的外部性が発生する状況は他にも，駅の新設・廃止や人口流入・流出による地価の変化や地元店街の隆盛や衰退など身近なものもありますが，以下では金銭的外部性は扱わず，技術的外部性が発生する場合のみを考え，外部性という言葉を使うときは技術的外部性のことを指すとします。

6.3　外部性発生時の均衡分析への準備

　本節では，次節以降での分析のための準備を進めていきます。はじめに，**私的便益と社会的便益，私的限界便益と社会的限界便益，そして私的費用と社会的費用，私的限界費用と社会的限界費用**について説明します。

　まず私的便益とは，財を消費することから消費者が得ている便益の大きさを

表します。すなわち，消費者余剰に財への支出額を足し合わせたものです。一方，社会的便益は，私的便益に消費の外部性によって生み出される便益である**外部便益**を足し合わせたものとなります。ただし，消費の正の外部性が生じているならば外部便益はプラスの値をとりますが，消費の負の外部性が発生しているならば外部便益はマイナスの値となります。

　私的限界便益は財を追加的に1単位消費したときの私的便益の増加分ですが，これは限界支払用意を言い換えたものにすぎません。なぜならば，限界支払用意が表す追加的1単位の消費に支払ってもよい最大の許容額とは，その消費から得られる便益の大きさと一致しているからです。したがって，私的限界便益も限界支払用意と同じく需要曲線の高さで表されます。なお，社会的限界便益は追加的1単位の消費が生み出す外部便益の大きさである**限界外部便益**に私的限界便益を足し合わせたものになります。すなわち，次の図6.2のように，社会的限界便益曲線は需要曲線に各消費量のもとでの限界外部便益を足し合わせたものとして描かれます。事例1を用いて説明すると，喫煙者が追加的に1本のたばこを吸ったときに得られる効用が私的限界便益であり，発生する副流煙によって周りに及ぼす健康被害が負の値の限界外部便益になります。この2つを足し合わせた社会的限界便益は，私的限界便益より小さい値となります。

　次に私的費用とは，財を生産することで生産者が負担することになる可変費用の大きさを表しています。そのため，財の売上額から生産者余剰を引いたものでもあります。社会的費用は，私的費用に生産の外部性によって発生する費用である**外部費用**を足し合わせたものです。このとき，生産の正の外部性が生じているならば，外部費用はマイナスの値をとりますが，生産の負の外部性が発生しているならば外部費用はプラスの値となります。外部性の正負と外部費用の符号が逆になっていることに留意する必要があります。この点について，生産の正の外部性が発生する場合として挙げた事例4を用いて説明します。農地の整備や農作物の栽培に掛かる費用が私的費用です。外部費用は，農地の整備によって周辺地域が受ける恩恵の大きさだけマイナスの値をとります。なぜなら，農地が整備されたことで洪水の防止になるのであれば，堤防を築く，ま

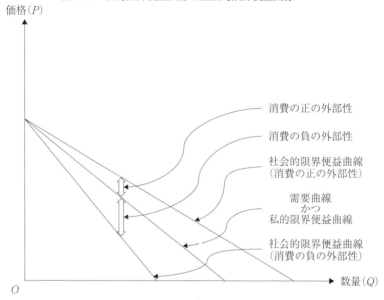

図6.2　私的限界便益曲線と社会的限界便益曲線

たは土嚢を積む必要がなくなりその費用が節約されるからです。結果的に，社会的費用は私的費用より小さくなります。

　私的限界費用は，財を追加的に1単位生産したときの費用の増加分であり，第3章で学んだ限界費用そのものです。したがって，私的限界費用曲線は供給曲線と一致します。一方，社会的限界費用は追加的1単位の生産が生み出す外部費用の大きさである**限界外部費用**を私的限界費用に足し合わせたものです。そのため，図6.3のように，社会的限界費用曲線は供給曲線に各生産量のもとでの限界外部費用を足し合わせたものとなります。

　ここで，これから行なう外部性発生時の均衡分析における5つのポイントを先に押さえておきましょう。

　1つ目は，消費の外部性が存在するならば私的限界便益曲線（需要曲線）と社会的限界便益曲線が異なり，生産の外部性が存在する場合は私的限界費用曲線（供給曲線）と社会的限界費用曲線が異なるということです。

図6.3 私的限界費用曲線と社会的限界費用曲線

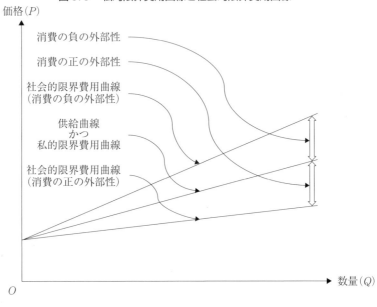

価格(P)

消費の負の外部性

消費の正の外部性

社会的限界費用曲線
（消費の負の外部性）

供給曲線
かつ
私的限界費用曲線

社会的限界費用曲線
（消費の正の外部性）

O

数量(Q)

　2つ目は，消費者の需要量は需要曲線と一致している私的限界便益曲線に従って決まり，生産者の供給量は供給曲線と同じものである私的限界費用曲線に従って決まるということです。これは当たり前に思うかもしれませんが，非常に重要な点です。消費者に関しては，与えられた価格に対して，私的限界便益が価格を上回っていれば消費量を増やそうとし，下回っていれば消費量を減らそうとします。すなわち，消費者は，自分の効用を最大化するために私的限界便益が価格と一致するような需要量を選び，外部性によるプラスまたはマイナスの影響が他者に及ぼうともその大きさを考慮しません。生産者についても同様であり，利潤を最大化するために価格と私的限界費用が一致するような生産量を選び，自身の生産活動が生み出す外部性の大きさを無視します。

　3つ目は，外部性があろうとも，市場均衡は需要と供給が一致する状況であるため，私的限界便益曲線と私的限界費用曲線の交点となることです。

　4つ目は，社会的余剰が最大化されるという意味での効率的な資源配分は，

社会的限界便益曲線と社会的限界費用曲線の交点で達成されるということです。

　5つ目は，前章の復習になりますが，政府は課税政策により均衡取引量を減少させ，補助金政策により均衡取引量を増加させることができる点です。課税や補助金政策によって社会的余剰が最大となる取引量は変化しないので，政府は適切に課税または補助金の金額を決定すれば，市場均衡での取引量を社会的余剰が最大となる取引量と一致させることができます。これから詳しく見ていくように，社会的余剰が最大となる取引量での限界外部費用と等しい大きさの課税（外部不経済が生じている場合），または限界外部便益と等しい大きさの補助金（外部経済が生じている場合）を課すことで効率的な資源配分が実現します。特に，外部不経済の解決を図り導入される課税を，発案者であるイギリスの経済学者の名前をとって**ピグー税**と呼びます。なお，課税・補助金を従量式と従価式のどちらの方式にしても，市場均衡において社会的余剰を最大化させることはできますが，ピグー税や補助金としては従量式のものを考えるのが通例となっています。本章でもこれに従い，従量式の課税・補助金を考えます。

6.4　外部不経済発生時の過大な取引とピグー税による外部性の内部化

　ここでは，事例1で見た消費の負の外部性がある場合と事例2の生産の負の外部性が生じる場合について順番に見ていきます。

　まず，消費の負の外部性がある場合を考えます。このとき，社会的限界便益曲線は私的限界便益曲線（需要曲線）より限界外部便益の大きさだけ下方に位置します。一方，私的限界費用曲線（供給曲線）と社会的限界費用曲線は一致しています。この状況は図6.4で表されています。

　図6.4において，市場均衡は私的限界便益曲線と私的限界費用曲線の交点であるE点であり，均衡取引量はQ^*です。これに対して，社会的余剰が最大となる取引量は，社会的限界便益曲線と社会的限界費用曲線の交点Gにおける取引量Q^{ss}です。ただし，上付き添え字SSは，この取引量において社会的余

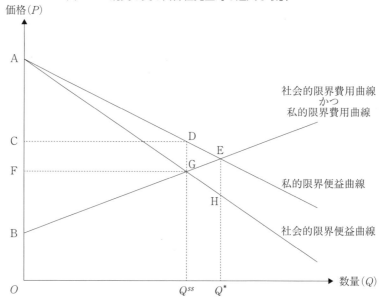

図6.4　消費の負の外部性発生時の過大な取引

剰（social surplus）が最大化されていることを表すために用いています。図
6.4より，$Q^{ss} < Q^*$であり，均衡での取引量が社会的に望ましい水準よりも
過大となっていることが分かります。その結果，取引量Q^{ss}からQ^*まで（社
会的限界費用－社会的限界便益）を足し合わせた三角形GEHの面積の死荷重
が市場均衡で発生しています。

　この点をもう少し詳しく見ましょう。社会的に望ましい取引量Q^{ss}での消費
者余剰と生産者余剰の和は四角形ADGBの面積で，発生している外部便益は
三角形ADGの面積分の負の値です。したがって，社会的余剰は四角形ADGB
から三角形ADGを取り除いた三角形AGBの面積になります。一方，市場均衡
の取引量Q^*では，消費者余剰と生産者余剰の和は三角形AEBの面積，外部便
益は三角形AEHの面積分の負の値なので，社会的余剰は三角形AGBの面積か
ら三角形GEHの面積を引いたものとなります。この2つの取引量での余剰を
比較すると，取引量がQ^{ss}からQ^*まで増加したことで，消費者余剰と生産者

余剰の和は増えていますが，その大きさ以上にマイナスの外部便益が発生しているため，三角形GEHの死荷重が生み出されていることが分かります。

　以上より，市場均衡において，社会的に望ましい水準より過大な取引が行われ，死荷重が発生するという市場の失敗が起きていることが分かりました。この要因は，消費者が自身の行動が生み出す負の外部性の大きさを考慮に入れないからです。加えて言えば，消費者は財を購入することには市場で対価を支払っていますが，負の外部性を生み出すという行為については，市場を介しておらず，対価を支払う必要がないということが問題となってしまっています。

　このような市場の失敗への対策として，**外部性の内部化**があります。一般的に，外部性を生み出す経済主体にその大きさを認識させ，その費用を負担または便益を還元させるようにすることを外部性の内部化といいます。消費の負の外部性を内部化する方法の1つがピグー税です。

　すでに5つ目のポイントとして紹介したように，市場均衡における過大な取引は課税により解消することができます。前章で学んだように，課税後の均衡では，買い手価格から売り手価格を引いたものが1単位当たりの課税額と一致するような取引量となります。したがって，買い手価格が与えられた場合の需要量は私的限界便益曲線，売り手価格を所与としたときの供給量は私的限界費用曲線で表されていることに留意すれば，社会的に望ましい取引量での私的限界便益と私的限界費用の差の大きさの税を課すことで，課税後の市場均衡で社会的に望ましい取引量が実現します。消費の負の外部性が発生している場合は，課税額は社会的に望ましい取引量での限界外部便益の大きさになります。これは，社会的に望ましい取引量において次の関係が成立することによります。

　　　　　私的限界便益－私的限界費用
　　　　　＝社会的限界便益＋限界外部便益の大きさ－社会的限界費用
　　　　　＝限界外部便益の大きさ

　最後の等号が成立するのは，社会的に望ましい取引量において，社会的限界便益と社会的限界費用が一致するからです。

　以上を踏まえて，図6.4を見直してください。線分DGの大きさ，すなわち

社会的に望ましい取引量Q^{ss}での限界外部便益の大きさの税を課すことで，市場均衡の取引量はQ^{ss}となります。このとき，消費者余剰，生産者余剰，税収はそれぞれ三角形ADC，三角形FGB，四角形CDGFの面積であり，外部便益は三角形ADGの面積の負の大きさだけ発生しています。ゆえに，社会的余剰は三角形AGBの面積となり，社会的に望ましい水準となっています。

　これまでの分析結果を事例1になぞらえて検証しましょう。市場にすべてを任せてしまうと喫煙者数が過大になり，周りに健康被害を及ぼす機会も増えて社会的にも良くない状況となります。しかしながら，実際には政府はたばこ税を課すことで外部性を内部化して，社会的に望ましい水準に近づけようとしています。ただし，現在のたばこ税額が社会的余剰最大化を達成しているかどうかは判断しづらいところがあります。その理由としては，政府にとって限界外部便益の大きさを明確に測ることが困難だからです。また，税収を確保するという目的も絡んでくるため，政府が純粋に社会的余剰の最大化を図っているとは言い難いことも理由として挙げられます。なお，事例2のCO2排出にもあてはまる話ですが，いま問題として捉えているのは資源配分が効率的か否かであり，たばこを吸う人がいることやCO2を排出するような生産活動が行われることそのものを問題としているわけではありません。

　次に，生産の負の外部性がある場合を考えます。図6.5を見てください。社会的限界便益曲線は私的限界便益曲線（需要曲線）と一致しますが，社会的限界費用曲線は限界外部費用の大きさだけ私的限界費用曲線（供給曲線）の上方に位置します。その結果，$Q^{ss} < Q^*$となり，均衡での取引量は社会的に望ましい水準よりも過大となります。このとき，社会的に望ましい取引量Q^{ss}での社会的余剰は三角形AGBの面積であり，市場均衡では三角形GHEの面積分の死荷重が発生しています。この市場の失敗は，線分GDで表される社会的に望ましい取引量Q^{ss}での限界外部費用と同じ大きさの税を課すことで是正できます。

　ここで事例2について考えましょう。温暖化は地球規模での深刻な問題ではありますが，その大きな原因を生み出している化石燃料の使用者は往々にして

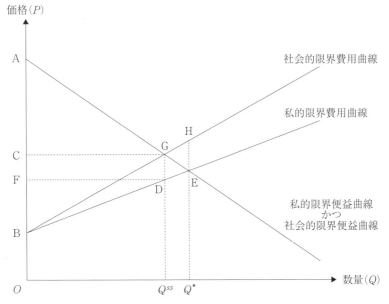

図6.5　生産の負の外部性発生時の過大な取引

あまり影響を受けません。そのため，政府が市場への介入を行わなければ，社会的に望ましい水準よりも化石燃料が過大に使用されて，温暖化が一層進んでしまいます。この対策として，各国ではCO_2の排出量に応じた課税を行ない，外部性を内部化することで化石燃料の使用を抑制しようとしています。日本でも2012年から「地球温暖化対策のための税」が導入され，2022年7月現在ではCO_2排出量1トン当たり289円が課されています。

6.5　外部経済発生時の過少な取引と補助金による外部性の内部化

　ここでは，事例3で見た消費の正の外部性が存在する場合と事例4の生産の正の外部性が生じる場合について見ていきます。

　消費の正の外部性がある場合，社会的限界便益曲線は私的限界便益曲線（需

要曲線）より限界外部便益の大きさだけ上方に位置します。一方，私的限界費用曲線（供給曲線）と社会的限界費用曲線は一致します。この状況は図6.6で表されています。

図6.6　消費の正の外部性発生時の過少な取引

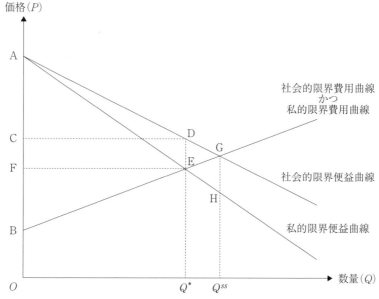

このときは，$Q^* < Q^{ss}$ となり，均衡での取引量は社会的に望ましい水準よりも過少となります。社会的に望ましい取引量 Q^{ss} での社会的余剰は三角形AGBの面積であり，市場均衡では三角形DGEの面積分の死荷重が発生しています。この市場の失敗は，消費者が自身の行動によりもたらされる社会的便益を認識していないことによるものです。この外部性を内部化し，効率的な資源配分を達成するためには，社会的に望ましい取引量 Q^{ss} での限界外部便益（線分GHで表されるもの）と同じ大きさの補助金を政府は導入する必要があります。

ここで事例3のワクチン接種を取り挙げて検証しましょう。ワクチン接種については個人の判断に委ねられて然るべきでしょうが，政府が何もしなければ，

社会的に望ましい水準より接種者数は過少になってしまいます。その対策の一例として，ジフテリア，麻疹，水痘等の予防接種法で指定されている感染症については，乳幼児への予防接種費用を政府や地方自治体が全額負担することでワクチンの接種を促しています。

　次に，生産の正の外部性が存在する場合を考えます。図6.7を見てください。社会的限界便益曲線は私的限界便益曲線（需要曲線）と一致しますが，社会的限界費用曲線は限界外部費用の大きさだけ私的限界費用曲線（供給曲線）の下方に位置します。この場合も，$Q^* < Q^{ss}$ となり，均衡での取引量は社会的に望ましい水準よりも過少となります。そして，社会的に望ましい取引量 Q^{ss} での社会的余剰は三角形AGBの面積であり，市場均衡では三角形GEDの面積分の死荷重が発生しています。この市場の失敗は，線分HGで表される社会的に望ましい取引量 Q^{ss} での限界外部費用と同じ大きさの補助金を導入することで是正できます。

図6.7　生産の正の外部性発生時の過少な取引

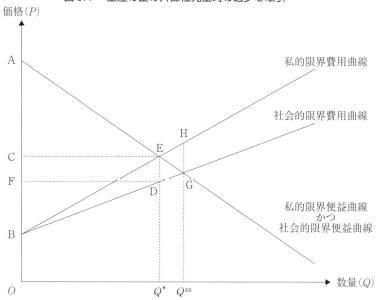

　それでは，事例 4 について考えてみましょう。昨今農村地域では，高齢化や過疎化によって，耕作放棄地が増えています。これによって，市場に供給される農産物が減少することも問題ですが，それ以上に，農業の有する多面的機能が十分に発揮されない状況（社会的に望ましい水準より農地が過少）となっていることが深刻です。この対策として，担い手農家（個人の農業経営者または農業生産法人）が耕作放棄地を管理し，農地が拡大することを目指して，農林水産省は多面的機能支払交付金を支給しています。この交付金は，農村地域の水路や農道等の地域資源の維持管理に掛かる費用に助成金を出して，担い手農家の負担を軽減しようという試みです。

6.6　政府による市場介入の障害

　外部性が存在する場合，効率的な資源配分を達成するためには，政府によるピグー税や補助金の導入といった政策が有効であることを学んできましたが，実際に政策を実施するとなると容易にはいきません。そもそも，社会的に望ましい取引量の水準を把握するためには，私的限界便益や私的限界費用，限界外部費用または限界外部便益を知る必要があります。これらを知るためには，政府は非常に高い情報収集能力を持たなければなりません。加えて，税や補助金制度の導入時にはそれを周知するためや手続きを整備するのに費用が発生します。以上の点を踏まえて，政府は市場に介入するか否かを判断しなくてはなりません。

下記の空欄に適切な語句を入れなさい。

消費の正の外部性または生産の正の外部性が存在する状況を（　1　）と呼び，消費の負の外部性または生産の負の外部性がある場合を（　2　）と呼ぶ。（　1　）が発生しているならば，市場均衡での取引量は社会的余剰を最大にする取引量と比べて（　3　）である。（　2　）が発生しているならば，市場均衡での取引量は社会的余剰を最大にする取引量と比べて（　4　）である。この資源配分の歪みを解消するためには，（　5　）や補助金を導入することが有効である。

問題2 消費量がxのときの私的限界便益が$250 - x / 2$であり，生産量がxのときの私的限界費用が$x + 100$であるとする。また，生産の負の外部性が発生しており，生産量がxの場合の限界外部費用の大きさはxであるとする。

(1) 市場均衡における取引量と，社会的余剰を最大にする取引量を求めなさい。

(2) 1単位当たりいくらのピグー税を課せば，市場均衡において社会的余剰が最大化されるか求めなさい。また，そのときの消費者余剰，生産者余剰，税収を求めなさい。

(3) 生産量を150から1単位減らすごとに60の補助金を生産者に与えるとする。このときの市場均衡における取引量，消費者余剰，生産者余剰，補助金支給額を求めなさい。ヒント：生産者にとって，生産量を0単位から何単位まで増やすことが最適かという視点で考えなさい。

第2部
マクロ経済学

第7章

マクロ経済学と様ざまな 経済指標

　皆さんが第2部で学ぶマクロ経済学は，失業や景気循環などのマクロ現象を分析 したり，財政政策や金融政策の効果を分析したりする学問です。ミクロ経済学とは 違い，マクロ経済学では経済全体で集計されたマクロ経済変数，例えば物価や失業 率，GDPに注目します。様ざまなマクロ経済変数や経済指標，統計を本章で確認し ておくことにしましょう。

7.1　マクロ経済学の誕生

　世の中には物価や失業率，GDP（国内総生産）などの，経済全体で集計され た**マクロ経済変数**がたくさんあります。それらの多くは政府が一定期間で区 切って集計しています。マクロ経済変数の集計は政府の重要な役割の1つと 言ってよいでしょう。

　マクロ経済変数は相互に関連しています。例えば，物価が上がると失業率は 下がることが多いです。このようなマクロ経済変数の相互依存関係を明らかに する学問分野が**マクロ経済学**です。マクロ経済学を使うと，失業や景気循環な どのマクロ経済の現象を分析したり，財政政策や金融政策の効果を分析したり することができます。例えば，以下の問いはどれもマクロ経済学を使って答え を出すことができるものです。

・　物価が上がると失業率は下がるのか。

・　GDPを増やすために政府には何ができるのか。

・　経済が成長するためには何が必要なのか。

・　国によって経済活動の水準が違うのはなぜか。

　マクロ経済学の生みの親は**ケインズ**（1883-1946）というイギリスの経済学者です。高校で政治経済の授業を受けたことがある読者は，この名前を聞いてピンとくるでしょう。1930年代に世界的な大恐慌が起こり，ケインズが住むイギリスでも失業者が街にあふれました。経済学者であるケインズはこの状況を目の当たりにして，ある疑問が頭に浮かんだのです。「なぜこのような大規模な失業が生じるのだろう」

　このような疑問が思い浮かんだのには理由があります。実は，その当時の伝統的な経済学によれば，自分が望まない失業——これを非自発的失業といいます——は発生しないはずなのです。人手が足りなければ賃金が上がり，逆に人が余っていれば賃金は下がる。要は，市場で賃金が自動的に調整される結果，現在の賃金で働く気がないという労働者だけが自らの意思で失業を選ぶというわけです。このように考える新古典派経済学によれば巷にあふれる失業者は自分が望んでそうなったはずですが，まさかそのようなことはあり得ないでしょう。伝統的な経済学では当然とされるが，賃金が直ちに下がるなどということはないのではないか，ケインズはそう考えたのです。ケインズは自分の考えをまとめ，1936年に『雇用・利子および貨幣の一般理論』（『一般理論』）として出版しました。マクロ経済学が誕生した瞬間です。この本が経済学にもたらした衝撃は大きく，時にケインズ革命とも呼ばれます。

　皆さんが第1部で学んできたミクロ経済学は新古典派経済学です。このように言うと，「ん？　じゃあミクロ経済学は（頑張って勉強したのに）間違いだったということ？」とがっかりする読者がいるかもしれませんが，もちろんそうではありません。先ほどの賃金と失業の話にしても，十分に長い時間が経てば賃金が下がって失業が解消するのです。つまり，分析の期間をどの程度の幅にするのかが鍵で，ケインズの見方は賃金（価格）が速やかに変化しないような短期を考える際に役立ちます。他方でミクロ経済学の完全競争市場などは，価格や賃金が調整されるほどの長期を視野に入れて何が起こるのかを分析しているのだと言えます（ただし，マクロ経済学も労働市場を分析する際に長期も扱います。それから第6章で勉強する経済成長はやはり長期の話です）。

　ミクロ経済学とマクロ経済学について，重要な違いがもう1つあります。それは，ミクロ経済学が経済主体そのものや市場の役割に注目するのに対して，マクロ経済学は家計や企業，政府などによる活動の結果に着目している点です。個人の消費者が何をどれだけ買うのかという問題はミクロ経済学の領域ですが，消費者の集まりとしての家計が全体としてどれだけの量を消費したのかを分析するのはマクロ経済学の役目です。こう聞くと，「ミクロ」「マクロ」という言葉が「経済学」の前に付いている理由が分かるでしょう。

　さて，第2部ではマクロ経済学の理論体系を学んでいきますが，本章では先をあまり急がず，マクロ経済変数や経済指標，統計を確認しておくことにしましょう。

7.2　完全失業率

　仕事のことを「生活の糧（かて）」と呼ぶことがあります。糧は食糧のことですから，人が生きていくのに仕事がいかに大切かということなのでしょう。ところが残念なことに，働きたいと望みながら仕事に就くことができなかったり，あるいは勤め先の倒産などによって職を失ったりすることが誰の身にも起こり得ます。これを**失業**と言います。失業によって生活の質が低下し，人生が大きく損なわれることさえあるかも知れません。

　就業や失業に関係するマクロ経済変数を集計しているのは総務省労働局です。毎月行なわれている「**労働力調査**」の集計結果は総務省統計局のウェブサイトで簡単に手に入ります。「労働力調査」の集計結果から，労働統計の1つである**完全失業率**という指標を詳しく見てみましょう。

　「労働力調査」の調査対象者は15歳以上の人たちです。15歳以上人口を労働力人口と非労働力人口の2つに分け，労働力人口は就業の状況などによってさらに就業者と完全失業者に分かれます。「労働力調査」による人口区分を図7.1に示します。

図7.1　「労働力調査」による人口区分

出所：総務省統計局ウェブサイト

図7.2　「労働力調査」のポスター

　皆さんはどれに当てはまるでしょうか。例えば大学生の場合，活動状態が
「通学」ですから原則としては非労働力人口に該当するはずです。ところが，
同じ大学生がアルバイトをすると，その月には労働力人口として数えられます。
　さて，図中の人口区分について集計した数値を使って，「労働力人口に占め
る完全失業者の割合」である完全失業率を計算することができます。完全失業
率を分かりやすく数式で表すとこのように書けます。

$$\text{完全失業率} = \frac{\text{完全失業者}}{\text{労働力人口}} = \frac{\text{完全失業者}}{\text{就業者} + \text{完全失業者}}$$

　2021年7月の基本集計では就業者が6,711万人，完全失業者が191万人ですから，「191 ÷ (6711 + 191) = 0.028」という計算により失業率はおよそ2.8％です。

　ところで，ここまで完全失業者という言葉を無造作に使ってきましたが，この言葉には正確な定義があります。「労働力調査」は，下の3つの要件を満たす人を完全失業者と定義しています。

① 　仕事を一切していない（就業者でない）。

② 　仕事があればすぐに就業できる。

③ 　求職活動（事業を始める準備を含む）をしている。

　上の定義で注意が必要なのは，「働いていない人＝失業者」ではないという点です。例えば，そもそも働く気がさらさらなく，遊んでばかりいる（イソップ童話に出てくる）キリギリス型の人は完全失業者ではありません。上の要件③を満たしていないからです。あるいは，たとえ働く気が満々でも，大きな事故で怪我をして現在は入院中という患者は完全失業者ではありません。上の要件②を満たしていないからです。

　完全失業率は「働きたくて就職活動をしているのに，仕事が見つからず働けない人がどれほどいるのか」を表す指標と言えます。その意味で，完全失業率が低いほど多くの人にとって望ましい社会だと言えるでしょう。では日本の完全失業率はどのように推移しているのでしょうか。図7.3を見てください。

　2％前後だった完全失業率はバブル崩壊と重なる1993年頃から上昇し始め，2001年と2009年には5％を超える高い水準を記録しました。直近では完全失業率が2〜3％ほどで推移しているものの，2020年1月頃から再びやや上昇傾向にあるのが分かります。これは新型コロナウイルス感染症が社会的に大きく注目された時期と一致しています。

　「労働力調査」に関係する統計指標は完全失業率だけではありません。人口のうちで労働力と考えられる人がどれほどいるのかを示す「労働力人口比率」や，実際に仕事に就いている人がどれほどいるのかを示す「就業率」なども重

図7.3　完全失業率の推移

出所：総務省「労働力調査　基本集計」

要な経済指標です。定義を数式で表しておきますので，皆さん自身でぜひ現在の数値を確認してみてください。

$$労働力人口比率 = \frac{労働力人口}{15歳以上人口} = \frac{労働力人口}{労働力人口 + 非労働力人口}$$

$$就業率 = \frac{就業者}{15歳以上人口} = \frac{就業者}{就業者 + 完全失業者 + 非労働力人口}$$

7.3　有効求人倍率

　皆さんがカフェを開いたとします。嬉しい悲鳴と言うべきか，客足が途絶えず店舗を拡大する必要がありそうです。お店を1人で切り盛りするのはさすがに難しくなってきて，新たに従業員を雇いたいと考えています。さて，従業員を募集するために皆さんならどうするでしょうか。色んなやり方があります。ウェブサイトや新聞に求人広告を出したり，友人や知人に誰かを紹介してもらうのもよいでしょう。あるいは**ハローワーク（公共職業安定所**）を介して求職者を募集するというのも一案です。厚生労働省の指示を受けた都道府県労働局がハローワークを運営しています。

　耳慣れない名前かも知れませんが，地域の雇用サービスを充実させるために
ハローワークは重要な役割を果たしています。例えば，求職者に職業を紹介す
ることで求人企業と求職者のマッチングを成立させたり，失業者に雇用保険を
給付したりといった事業を行なっているのです。

　ハローワークに登録されたある月の求人総数を**有効求人数**，同じ月の求職者
総数を**有効求職者数**と言います。これらの数値を用いて，求職者 1 人当たりの
求人数を計算することができます。これが**有効求人倍率**です。有効求人倍率を
分かりやすく数式で表すとこのように書けます。

$$\text{有効求人倍率} = \frac{\text{有効求人数}}{\text{有効求職者数}}$$

　厚生労働省が公表している「一般職業紹介状況（令和 3 年 2 月分）」による
と，2022年 2 月の有効求人数は217万424人，有効求職者数は188万8,878人です
から，「2170424 ÷ 1888878 ＝ 1.15」という計算により有効求人倍率はおよそ
1.15倍です。つまり，求職者 1 人当たり1.15件の仕事（求人）があるというこ
とです。

　有効求人倍率は「働きたい人の数に対して仕事がどれくらいあるのか」を表
す指標です。有効求人倍率が高いほど仕事が多く，働きたい人がきちんと働け
ている状態を意味します。その意味で求職者にとっては数字が高いほど望まし
いと言えるでしょう。他方で，企業側からすると，高い有効求人倍率は労働者
探しが難しい状況を意味します。立場によって意味合いが変わる事実は見逃せ
ません。

　さて，有効求人倍率はどのように推移しているのでしょうか。図7.4を見
てください。

　高度経済成長期の終わりかけである1973年には有効求人倍率が 2 倍近くに達
しましたが，その直後から一気に下落し始め，1981年12月にはついに 1 倍を下
回ります。この時期から1991年頃までは安定成長期などと呼ばれることもあり
ますが，有効求人倍率が 1 倍に満たない期間が長く続きました。2013年末から
は 1 倍を上回っています。

図7.4　有効求人倍率（パート含む，季節調整値）の推移

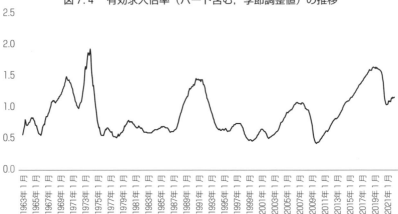

出所：厚生労働省「一般職業紹介状況」

　ここまで皆さんは完全失業率と有効求人倍率という2つの重要な労働指標を学びました。これらの指標を単独で眺めるのではなく，組み合わせると面白いことが分かります。図7.3の完全失業率と図7.4の有効求人倍率を重ねたのが図7.5です。

図7.5　完全失業率と求人倍率の推移

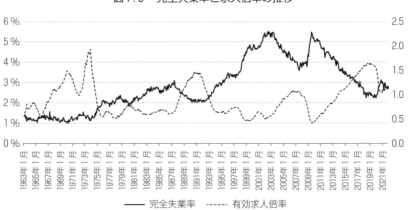

出所：総務省「労働力調査　基本集計」，厚生労働省「一般職業紹介状況」

完全失業率と有効求人倍率との間に負の相関があるのを見て取ることができます。つまり，完全失業率が上昇するタイミングと有効求人倍率が低下するタイミングがほとんど同じなのです。これは偶然ではありません。2つの指標の定義を思い出してもらえれば，そのことが理解できるでしょう。完全失業率の上昇は「働きたいのに仕事が見つからない」求職者の増加を意味します。つまり，相対的に言えば仕事の数が減っているわけです。これが有効求人倍率の減少として数値に現れるのです。

7.4　雇用政策と労働法規

　厚生労働省のウェブサイトには，「若者，女性，高齢者，障害者など働く意欲のある全ての人びとが，能力を発揮し，安心して働き，安定した生活を送ることができる社会の実現を目指します」「誰もが意欲と能力に応じて働くことができる社会を目指します」といった文言が並びます。こうした目標を達成するために，政府は様々な**労働政策**を実施しています。

　例えば東日本大震災では，被災者の就労支援のために雇用創出基金事業（震災等緊急雇用対応事業）が数多く行なわれました。国が支給した交付金を用いて東北地方の各県が基金をつくり，県や市町村が地域の実情に応じて必要な事業を実施します。事業の実施には労働者が必要ですから，雇用創出基金事業によって職を失った人たちへの雇用機会が創出されます。雇用創出を目的とする事業にはほかにも，「ふるさと雇用再生特別基金事業」「緊急雇用事業」「企業支援型地域雇用創造事業」「地域人づくり事業」などの種類があります。

　政府が管轄する**雇用保険制度**も，人びとが安心して働ける環境を整えるために大きな役割を果たしています（図7.6）。雇用保険は強制保険であり，雇用主には加入が義務付けられています。雇用保険制度の3本柱を確認しておきましょう。

① 失業者や教育訓練を受ける労働者に対して失業等給付を支給する。
② 育児休業中の労働者に対して育児休業給付を支給する。

③　雇用安定事業と能力開発事業の雇用保険二事業を行なう。

図 7.6　雇用保険制度の 3 本柱

雇用保険
- 失業等給付
  - ・ 求職者給付
  - ・ 就職促進給付
  - ・ 教育訓練給付
  - ・ 雇用継続給付
- 育児休業給付
- 雇用保険二事業
  - ・ 雇用安定事業
  - ・ 能力開発事業

　雇用保険制度では二事業として雇用安定事業（3 本柱の③）が行なわれています。その内容には，先ほど紹介した雇用創出基金事業の一部も含まれます。しかし，それでも景気の悪化や災害の発生などによって，失業する場合があるのはやむを得ないでしょう。そのような場合，失業中の生活を支えてくれるのが失業等給付（3 本柱の①）です。働いていた期間や年齢に応じて，賃金の一定の割合が給付されるというもので，正確には失業等給付の中の求職者給付がこれに当てはまります。ほかにも再就職の準備のための給付である就職促進給付や，労働者の能力開発（資格を取ったり，英会話のレッスンを受けたりすることも含みます）を対象とする教育訓練給付などがあります。こうした仕組みが，労働者のためのセーフティネットとして社会に備わっているのです。

　女性が出産した直後から職場で働くことは難しいでしょうが，だからと言って会社を辞めれば収入が途絶えてしまいます。そこで，雇用保険制度には育児休業中に賃金の一定割合の金額を育児休業給付（3 本柱の②）として支給する仕組みがあります。この段落を「女性が」と書き始めましたが，もちろん男性も育児休業給付の対象です。子育てを積極的に行なう男性を俗に「イクメン」と呼ぶことがありますが，この言葉のナンセンスはともかく，男女が共に協力して子育てに取り組むことは重要でしょう。しかし，図 7.7 が示すように，男性による育児休業の取得率はまだ低いのが現状です。

　労働環境を整えるという意味では，法律の整備も重要です。ひょっとしたら皆さんも「労働基準法」という法律の名前を聞いたことがあるかもしれません。雇用主と比べて立場の弱い労働者を守るために，1947年に制定されました。労

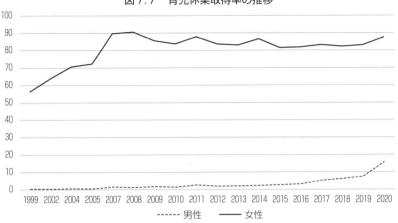

図7.7　育児休業取得率の推移

出所：厚生労働省『令和２年版　厚生労働白書－令和時代の社会保障と働き方を考える－』図表１－８－１，厚生労働省「雇用均等基本調査」

働基準法は労働条件に関する最低基準を定めているのですが，具体的には以下のような内容を含みます（厚生労働省「労働基準情報：労働基準に関する法制度」）。

・　「賃金の支払の原則」通貨で，直接労働者に，全額を，毎月１回以上，一定の期日を決めて支払う
・　「労働時間の原則」１週40時間，１日８時間まで
・　「時間外・休日労働」労使協定を締結する
・　「割増賃金」時間外・深夜２割５分以上，休日３割５分以上
・　「解雇予告」労働者を解雇する際には30日以上前に予告するか，30日分以上の平均賃金を支払う
・　「有期労働契約」原則３年，専門的労働者は５年まで

　「労働時間の原則」に注目すると「40時間÷８時間＝５日」ですから，いわゆる週休２日制は労働基準法に定められていることが分かります。実は1988年まで，労働基準法が定める１週間の労働時間の上限は48時間でした。労働日数に直すと６日なので，週休１日制です。働き方の多様性が叫ばれるなか，最近

は週休3日制を求める声も聞こえてきます。

　では実際のところ，人びとの労働時間はどう変化してきているのでしょうか。労働日数や労働時間などの情報を知りたい場合には厚生労働省が公表している**「毎月勤労統計調査」**が便利です。毎月勤労統計調査を基にして労働時間の推移を示したのが図7.8です。この図では2015年における総実労働時間を100とする指数で労働時間を示しています。週休2日制が導入された1988年を境にして，労働時間が一気に短くなったことが図7.8から見て取れます。また，労働時間は年々短くなっていく傾向にあるようです。

図7.8　総実労働時間の推移

出所：厚生労働省「毎月勤労統計調査」，事業所規模30人以上，全産業の事業所を対象とした。2021年は第3四半期までの平均値。2015年平均＝100

　ところで面白いのは，労働時間が短縮されていくなかで，学校も週休2日制が導入されていったことです。なんと，筆者が小学生の頃は，学校の休みも日曜日（と祝日）だけでした！　1992年になって第2土曜日だけが休みになり，1995年からは土曜日休みが月2日に増えました。学校5日制（週休2日制）が完全に実施されたのは2002年です。突然の土曜日休みも，学校で友達に会えなくなるだけのことでさほど嬉しくなかったことを覚えています。いや，これは脱線でした。

7.5　賃　　金

　先ほどは労働時間の推移を見ましたが，労働時間が短くなると同時に所得が下がってしまうと，生活に支障が出ることもあり得ます。労働について考える際には賃金も重要な指標です。

　皆さんが大学生であればアルバイトでお金を稼いでいる人もいることでしょう。ずばり，時給はいくらですか？　いや，何か下心があって訊ねているわけではありません。実は，都道府県別に，**最低賃金制度**が賃金の最低ラインを定めており，雇い主（使用者）には最低賃金以上の給与を支払うことが義務づけられています。アルバイト代が最低賃金以上であるかどうかを皆さん自身の眼でしっかりと確認しておいてほしいのです。

　先ほど書きましたが，最低賃金は都道府県ごとに違います。2022年2月の時点では，最低賃金が最も高いのは東京都で1,041円，逆に高知県と沖縄県が最も低く820円です。2017年に出された「働き方改革実行計画」は，最低賃金を毎年3％ほど引き上げていき，全国平均が1,000円に達することを目指すとしています。現在の全国平均は930円ですから，3％の伸び率が維持できれば3年後には目標が達成できることになります。いずれにせよ，最低賃金は前年と同額に据え置かれることはあっても下がりませんので，最低賃金は徐々に上がっていくことになります。2002年以降の全国平均の推移と2021年の都道府県別の金額を示しておきましょう（図7.9，7.10）。

　最低賃金制度が始まったのは1975年ですが，当初は最低賃金を日額（日給）で表示していました。2002年からは表示方法が時間額（時給）に変わっています。アルバイトやパートタイム労働では時間給がありふれていますが，フルタイムで会社勤めなどをしていれば月給をもらうことが多いでしょう。その場合には最低賃金制度が適用されないのでしょうか。

　いいえ，そうではありません。月給を月間の総労働時間で割れば1時間当たりの賃金が計算できます。この金額が最低賃金を下回っていたら大問題です。

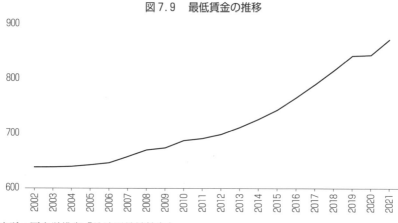

図7.9　最低賃金の推移

出所：厚生労働省「地域別最低賃金」

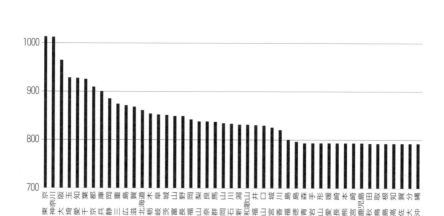

図7.10　地域別最低賃金の推移

出所：厚生労働省「地域別最低賃金の全国一覧」

　例えば月給24万円の会社員が，今月は1日8時間で20日働いたとしましょう。すると「24万円÷（20日×8時間）＝24万円÷160時間＝1,500円／時間」ですから，時給1,500円です。これならどの都道府県でも最低賃金をクリアしていることになります。

図7.11　「最低賃金制度」のポスター

　厚生労働省が公表する「賃金構造基本統計調査」には労働者の性別や雇用形態，企業規模別に，ある水準の賃金を得ている人がどれほどいるのかが詳しく示されています。例えば，賃金に男女差があることは多くの人が見聞きして知っているでしょう。図7.12を見てください。棒グラフが男女別の賃金（月

図 7.12　男女別賃金の推移

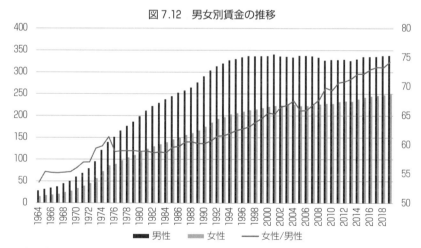

出所：厚生労働省「賃金構造基本統計調査」（2021年より集計方法が変わってしまい，
　　　2021年の前後を比較するのが困難です。そのためデータは2020年までしか表示して
　　　いません。）

給）を示していて（左側の軸，単位は千円），折れ線グラフは男性の賃金に対する女性の賃金の割合です（右側の軸，単位はパーセント）。

　労働者は性別で差別されるべきではなく，誰もが能力を存分に発揮して働ける環境が整うことは非常に重要です。男女間の賃金格差を解消するために，**男女雇用機会均等法**は大きな役割を果たしてきました。実際，1986年に男女雇用機会均等法が施行されてから，賃金の男女差は確実に縮小してきています（図7.12の折れ線グラフが右上がりになっている点に注目してください）。しかしながら，依然として賃金差が存在していることも同時に見て取れるでしょう。

7.6　景気動向指数

　私たちの生活は多くの経済活動に支えられています。労働も経済活動の重要な1つです。ここまでは色んな労働指標に注目してきましたが，経済活動全体の動きを総合的に示す指標もあります。それが，内閣府の発表する**景気動向指数**です。景気動向指数は生産や雇用などの指標を統合したもので，景気の現状を把握するためだけでなく，将来の景気を予測するために利用することもできます。

　景気動向指数にはコンポジット・インデックス（CI）とディフュージョン・インデックス（DI）の2つがあります。ただし最近は，景気変動の大きさや量感を把握することができるCIの重要性が高いとされています。CIの計算方法は複雑なためここでは省略しますが，大まかな手順だけ示しておきましょう。

1　生産や雇用などの指標ごとに毎月の変化率を求めます。

2　長期的な傾向を考慮しながら変化率を調整し，すべての指標の変化率を合成します（この変化率を合成変化率と呼びます）。

3　先月のCIに（200＋合成変化率）／（200−合成変化率）を掛けます。

　合成変化率がプラスならば今月のCIは前月よりも上がり，マイナスならばCIは下がります。CI（とDI）にはそれぞれ先行指数・一致指数・遅行指数の3つの指数があるのですが，その内の一致指数を図7.13に示します。基準年

図 7.13　CI一致指数の推移

出所：内閣府「景気動向指数」

である2015年の値を100としています。

　図7.13を見てすぐに分かるのは，景気動向指数の描くカーブに山と谷があるということです。しかも，山谷は大小の違いがあるものの繰り返し現れます。このような景気の動きを**景気循環**と言います。景気循環には景気の谷から山へと向かう回復期と好況期，そして山から谷へと向かう後退期と不況期の4つの局面があります。景気循環は失業率や，あとの章で詳しく説明するGDPの変化からも確認することができます。

7.7　おわりに

　ほかにも重要な経済統計や指標はたくさんあります。その内のいくつかはあとの章で詳しく説明していくことにして，本章の最後では今後の道筋を簡単に示しておきましょう。

　マクロ経済学の分析対象として何と言っても欠かせない経済統計はGDPです。一国の経済規模を表す指標であり，経済力指標の代名詞的な存在と言えます。GDPの性質については，第8章と第9章で詳しく解説しましょう。政府には経済成長という大きな目標がありますが，要は国内総生産の金額をどうに

かして増やしたいと政府は考えているわけです。第11章では，この目的に対して政府に何ができるのかを考えましょう。また，国内総生産の増加率として表される経済成長率も重要な経済指標です。経済成長については第12章で解説します。

　GDPは金額で表示しますが，そのときには物価，つまり「モノの値段」が物を言います。物価と密接な関係を持つ現象や物価指数については，第10章で解説したいと思います。

問題1　総務省統計局『労働力調査』による労働力区分について以下のデータを得た。この数値を使って，完全失業率，労働力人口比率，就業率を計算しなさい。
　15歳未満人口：400万人，就業者：380万人，完全失業者：20万人，非労働力人口100万人

問題2　ある年の有効求人数と有効求職者数について以下のデータを得た。この数値を使って，1月から12月の各月の有効求人倍率を計算しなさい。

	1月	2月	3月	4月	5月	6月	7月	8月	9月	10月	11月	12月
有効求人	211	217	224	216	209	211	212	215	220	227	233	234
有効求職	184	188	199	209	204	199	191	191	192	195	193	186

問題3　厚生労働省のウェブサイトにアクセスし，最新年度の「地域別最低賃金の全国一覧」を使って47都道府県の最低賃金を棒グラフで表しなさい。ただし最低賃金の高い順に都道府県を並べ替えること。

問題4　次の文章を読み，内容が正しければ「○」，誤りであれば「×」と答えなさい。
(1) ケインズは伝統的な新古典派経済学の前提を踏まえてマクロ経済学を生み出した。
(2) 他の条件には何も違いがないとして，新生児の増加は失業者の増加を意味するため，出生率が上昇すれば完全失業率が上昇する。
(3) 大学生は学業が本分であるため，アルバイトをしていたとしても，「労働力調

査」では非労働力人口に区分される。

(4)　現在，有効求人数が有効求職者数を上回っているとする。有効求人数と有効求職者数が同じだけ増えると，有効求人倍率は上昇する。

(5)　厚生労働省が管轄する雇用保険制度は，失業等給付と介護休業給付の給付，そして雇用保険二事業の実施が大きな柱である。

(6)　男性による育児休業取得率の低いことが社会的な問題点として指摘されているが，その原因の1つは，男性が育児休業給付の対象外だという点にある。

(7)　最低賃金制度が定める最低賃金は都道府県によって違うが，最低賃金が上がる都道府県もあれば下がる都道府県もあるため，格差は年々広がる傾向にある。

(8)　最低賃金制度が適用されるのは時間給が支払われる労働者のみであり，日給・月給や年俸制で働く労働者は対象外である。

(9)　経済活動全体の動きを総合的に示す指標として，経済産業省が景気動向指数を作成して毎月公表している。

(10)　景気循環において，景気動向指数が100を超える時期を好況期，100を下回る時期を不況期と言う。

第8章

GDP（国内総生産）

　一国の経済の大きさを測るうえで最も重要な指標がGDP（国内総生産）です。本章ではGDPの定義を確認し，どのように測られるのかを学びます。経済の大きさとは生産活動の大きさとも言えますが，生産された財・サービスは誰かが購入（支出）し，誰かの所得となります。このような生産・所得・支出の関係についても理解しましょう。

8.1　国の大きさを測る

　一国の経済について扱うマクロ経済学では，その国の経済の大きさを測るためにGDP（**国内総生産：Gross Domestic Product**）という指標を使います。2020年現在の日本のGDPは約540兆円ですが，このGDP水準で私たちは豊かだと言えるでしょうか？　数値だけではパッとは分かりませんね。この問いに答えるためには，GDPの数値を過去と比べたり他国と比べて考えてみる必要があります。まるで子どもの身長が去年と比べてどれくらい伸びたか，同年代の平均と比べて高いのか低いのかを見るのと似ていますね。経済の状況も何らかの比較対象があってこそ把握ができます。また，そのためには各国で共通の定義が必要です。その1つがGDPという指標です。では早速，マクロ経済学で最も重要かつ基本的な概念であるGDPについて勉強しましょう。

8.2　GDPの定義

　国の経済の大きさを表すGDPはいったいどのように測っているのでしょう

か。この節ではまず，GDPの定義を確認しましょう。

　簡単に言えば，GDP（国内総生産）とは，1年間にその国でどれだけの物が生産されたのかを表します。もう少しきちんとしたGDPの定義は，「一定期間に，国内において生み出された財・サービスの付加価値の合計」です。もう1度，ポイントを示しながら述べると，「①一定期間に，②国内において，③生み出された，④財・サービスの⑤付加価値の合計」です。①〜⑤までがすべて重要なポイントですから，このあと1つずつ解説します。

　まず，1つめのポイント「①一定期間に」ですが，GDPは「1月1日から12月31日まで，あるいは4月1日から3月31日まで」の1年間の生産活動が対象です。1月1日から12月31日までの1年間を暦年または「○○年」と呼び，4月1日から3月31日までの1年間を「○○年度」と呼びます。年度は学校や企業の会計上の暦で使われることが多いですね。GDPの公表は年末や年度末に限らず，四半期と言って1年を4分の1ずつに分けた3か月ごとにも発表されています。ちなみに，3か月の単位で見るとGDPには変動があります。クリスマスやお正月の時期は買い物が多くなるので，ほかの四半期よりもGDPが大きくなるからです。四半期のデータから1年間のGDPを計算する際にはこうした変動を取り除くようにデータを修正していて，これを「季節調整」と呼びます。

　1年あるいは四半期ごとのGDPはある一定期間内に行なわれた生産活動の量である**フロー**を表しています。一方，ある時点における量を**ストック**と呼びます。例えば，ある工場が機械設備を毎年10台ずつ購入し，現在は工場に100台の機械設備があるとします。この1年間で買った10台がフローで，いま現在工場にある100台がストックです。

　次のポイント「②国内において」は，日本のGDPならば「日本国内で行なわれた生産活動」を指しています。日本に住んでいる外国人が行なった生産活動は日本のGDPに含まれますが，日本人メジャーリーガーのように外国に住んでいる日本人が行なった生産活動は日本のGDPには含まれません。また，外資系企業が日本国内で生産を行なった場合は日本のGDPに含まれますが，

日本の企業であるトヨタがアメリカの工場で行なった生産は日本のGDPには含まれません。

　3つめのポイント「③生み出された」というのは，この1年間に新しく作られたという意味です。つまり，3年前に作られた車が今年中古車として販売されても，その中古車の販売によって得られた利益は今年のGDPには含まれません。ややこしいのですが，中古品を売ったときの手数料はGDPに含まれます。中古住宅の販売もGDPには含まれませんが，今年中古住宅のリフォームにかかったお金はGDPに含まれます。ちなみに，今年企業が生産した物であれば売れ残っても今年のGDPに含まれます。

　続いて，4つめのポイント「④財・サービスの」という部分ですが，財とサービスの違いが分かりますか？　**財**は車など目に見える形（有形とも言います）の物のことです。そして，**サービス**は美容院や動画配信サービスなどの無形の物を指します。

　日本は製造業による生産が盛んだという印象がありますが，実は，第3次産業と呼ばれるサービスの生産がGDPの約7割を占めています。そして，その割合はここ数十年でどんどん増えています。第3次産業の例は，卸売・小売業，不動産業，宿泊・飲食サービス業，情報通信業，金融・保険業，医療・福祉，電気・ガス・水道などです。ちなみに，農林水産業が第1次産業，製造業や建設業が第2次産業です。例えば，私たちがパソコンで動画配信サービスを利用した場合，実際にモノを受け取るわけではありません。しかし，動画の配信というサービスを受け取っているため，私たちはその代わりに代金を支払っています。そのほか，美容院に行って髪を切ってもらったり，インターネット通販で買った品物を宅配便で運んでもらったりするのも，理容や運送というサービスを購入していることになります。このように，私たちの生活には，目に見える財だけでなく，サービスを受けてお金を支払うことも多いのです。GDPには有形の財と無形のサービスの両方が含まれます。

　ところで，家庭で行なわれている家事や家庭菜園で作られた野菜はGDPに含まれるでしょうか？　実は，これらは含まれません。GDP計算が対象とす

るのは，市場で売買されていて，市場価格がつく財やサービスのみだからです。家庭で生産され，そのまま消費される財・サービス（家庭菜園の野菜や家事）や，不法に生産されて市場に出回らないものはGDPには含まれません。ただ，例外があって，持ち家の帰属家賃（もし誰かに貸したら入ってくるであろう家賃のことを言います）と農家の自家消費はGDPに含まれます。持ち家の住宅は毎月家賃を支払っているサービスではないものの，その額が大きいためGDPに含めています。農家の人が自分で生産したものを食べる自家消費も，代金の受け渡しは発生していませんがもし市場で売ったとしたらという考えでGDPに含みます。

　最後に，5つめのポイント「⑤付加価値の合計」を見てみましょう。GDPの計算では，今まで述べてきた「一定期間に国内で生み出された財・サービス」の**付加価値**を合計します。この点については以下で，おにぎりという財を例にして考えることにしましょう。

　おにぎりの生産にかかわるのは農家とおにぎり屋さんです。まず，農家がおにぎりの原料である米を作りますよね。米を作る苗は農家の手元にあるものとします。農家は，1年間一生懸命働いて生産した米をおにぎり屋さん（あるいはおにぎりの生産メーカー）に80円で売ります。農家は何もないところから80円の価値を持つ米を生み出しました（実際には苗代も必要ですが，今は単純化のために，苗は手元にあるとして苗代は発生していないと考えましょう）。これが付加価値です。

　おにぎり屋さんは80円で購入した米を炊き，おにぎりを握って150円で消費者に売ります。おにぎり屋さんは80円の米から150円のおにぎりを作り出したわけです。つまり，もともと80円の米をおにぎりにしてすぐに食べられるようにするという新たな価値を加えて150円の物にしたわけで，おにぎり屋さんが生み出した価値は70円です。ここで新たに追加された価値が付加価値です。そして，消費者は150円でおにぎりを買うことになります。ここで面白いのは，農家とおにぎり屋さんが生み出した付加価値（農家が80円分，おにぎり屋さんが70円分）の合計が，結果的に消費者が支払った150円と同額になっている点

です。

　さらに，おにぎり屋さんと消費者の間にコンビニが入ると付加価値はどうなるでしょうか。おにぎり屋さんがコンビニにおにぎりを卸します。コンビニはおにぎりを仕入れて陳列したり，POPを作り，消費者に200円で売り出すとします。コンビニは，おにぎり屋さんが近くになくて直接買いに行けなかった消費者におにぎりを届けるという付加価値をつけています。家でお米を炊いておにぎりを作っても付加価値にはなりませんが，おにぎりがコンビニに並ぶことは，学校や職場からランチを買いに行く人たちにとっては価値がありますよね。このように，コンビニは小売というサービスを行なうことで，おにぎりに新しく50円の付加価値をつけていることになります（150円で仕入れて200円で売るため，200円－150円＝50円の付加価値がつく）。ここでも付加価値の合計（農家の80円＋おにぎり屋さんの70円＋コンビニの50円）と消費者の購入額は200円で一致していますね。

　ちなみに，この付加価値は市場価格を用いていることも重要です。GDPの計算にはおにぎり何個分，という単位は使われず，540兆円など市場価格で表されます。

8.3　GDPのもう1つの定義：最終生産物から見る

　これまで，付加価値について説明してきました。米からおにぎりを作り出したり，全国各地から食べ物を取り寄せてスーパーに陳列して消費者に届けたり，鉄や半導体から自動車などの工業製品を作ったりと，経済活動は常に新たな価値である付加価値を生み出しています。その付加価値の合計こそがその国の経済の大きさを測るGDPでした。実は，このGDPは，最終的に作られた最終生産物の生産額のみを合計しても得ることができます。おにぎりの材料となる米など，他の製品の原料となるような物を**中間財**（**中間生産物**），他の生産物の中間財として使用されることのないおにぎりや自動車のような最終的な生産物を**最終財**（**最終生産物**）と言います。

図8.1　付　加　価　値

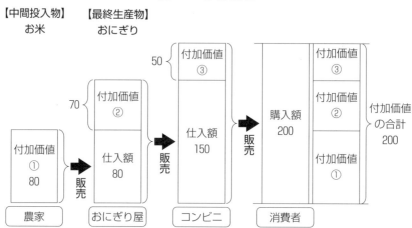

　実は，この最終財の価値は付加価値の合計と等しくなり，GDPは最終財の生産額のみを合計しても得ることができます。いまのおにぎりの例だと，最終財のおにぎりの価値は200円で付加価値の合計も200円でしたね。なお，最終財の生産額からGDPを測る場合には，中間財の価値はGDPの計算に含まれません。おにぎりの生産額とお米の生産額の両方をGDPに含むと二重計算になるためです。

　実は，ここで考えているのはすべての生産活動が日本国内で行なわれている場合でした。もしおにぎりの中身の鮭が海外で獲られて，国内のおにぎり屋さんが海外の漁業者に80円支払って鮭を輸入していたらどうでしょうか。この場合，鮭は国内で生み出された付加価値には当たりません。そのため，おにぎりの価格は200円ですが，国内で新たに生み出された付加価値はおにぎり屋さんによる70円分とコンビニによる50円分の合計120円です。つまり，消費者が支払った200円が付加価値と等しくなりません。なぜならば，海外の漁業者に支払った80円分が日本国内の人の所得にはならないためです。そのため，もし最終的な消費者の購入額を使ってGDPを計算するときには，輸入分の80円を差し引かなければなりません。これは下記の式で表され，今の例だと200円－80

円＝120円が日本のGDPに当たるわけです。

GDP＝国内で生産された最終財の金額－輸入中間財

8.4　GDP統計

　8.2節で学んだように，GDPは「一定期間に国内で生産されたすべての財・サービスの付加価値の合計」です。つまり，GDPを計算するためにはあれやこれや無数の（とはいえ，市場で行なわれている）経済取引の結果を把握しなければならないですよね。GDPはいったいどこで計算されているのでしょうか。日本の場合，内閣府経済社会総合研究所の国民経済計算部が担っています。国民経済計算部は，1次データと呼ばれるあらゆる統計データ（例えば，「家計調査」などの調査票を配布して回収・集計する統計調査）や，法令に基づいてなされる届出や登録等で集められた行政記録情報を集めています。そして，経済理論に基づきながら，一国の経済を包括的・整合的に記録するように推計したGDPを発表しています。四半期ごとにGDPの概算を速報として発表し，やがてデータが出揃ったところで季節調整指数の入れ替えなどを考慮して修正値を出します。新たなGDP統計が発表されたときに，みなさんもニュースや新聞で目にするのではないでしょうか。また，内閣府のホームページにアクセスすれば，最新のものから過去の統計まで確認することができます。GDP統計の見方については9.3節で詳しく学びます。

　もちろんGDPは毎年増え続けるわけではなく，年によって変動があります。横ばいが続くこともあれば，何年かに1度は下がる場合もあります。また，6か月以上の長期にわたってGDPが大きく下がることもあり，そのような状況を**景気後退**（英語でリセッション）と言います。景気後退が起こると失業者が増えたり賃金が下がったりして，私たちの生活も苦しくなります。そのため，短期的なGDPの減少を最小限に食い止め，長期的な経済成長を追い求めることが重要な経済政策となるのです。こうした経済政策については第11章で勉強します。

8.5　GDPの構成要素

(1)　三面等価の原則

　「おにぎり屋さんが1個100円のおにぎりを生産して，お客さんに売る」という経済活動を考えてみましょう。この経済活動では100円分の「生産」が行なわれています。そして，それを買ったお客さんは100円分の「支出」を行ない，おにぎりを売ったおにぎり屋さんは100円分の「所得」を得ます。このように，1つの取引をめぐって発生する「生産」と「支出」と「所得」は常に等しくなります。日本中で何百万回と行なわれている他の取り引きについても同じことが言えます。

　こうして国内で生み出された何百万，何千万という最終財の価値の合計を総生産と呼び，先ほど出てきた国内総生産（GDP）で把握します。また，生産活動によって得られた収入は，最終財の生産に参加した人たちの所得になるので，その合計を総所得と呼びます。これはGDPを所得面から見た数値で，**国内総所得（GDI：Gross Domestic Income）**で把握します。そして，生産されたモノを購入した人たちによる支出の合計を総支出と呼びます。これはGDPを支出面から見たときの数値で，**国内総支出（GDE：Gross Domestic Expenditure）**で把握します。先ほどのおにぎり屋さんでの取引と同様に，一国全体で見ても総生産と総所得と総支出は常に等しくなります。この

$$総生産 \equiv 総支出 \equiv 総所得$$

という関係を**三面等価の原則**と呼びます。次の図8.2は，この関係を2021年度の日本の統計で表したものです。

　三面等価の原則で「＝」ではなく「≡」が使われているのは，この関係が「恒等式」で表されていることを意味しています。恒等式は等式の一種で，各項が常に等しいことを意味しています。国内で一定期間に生み出された総生産と，誰かがそれを購入した際の支払い合計である総支出，そしてそれを売って生まれた総所得は「常に」等しくなるので，恒等式が成り立ちます。

図8.2　三面等価の原則

生産面	国内総生産			
支出面	家計の支出	企業の支出	政府支出	← 純輸出
所得面	雇用者報酬	固定資本減耗	営業余剰	

　三面等価の原則は総生産と総支出と総所得が「常に等しい」という原理を表しているだけなので，特段それ自体が経済状況を説明しているわけではありません。しかし，三面等価の原則には便利な面があります。それは，物やお金の複雑な流れをともなう無数の経済取引の中で，特に重要であると考えられる部分（例えば，所得と支出の関係）に焦点を当てながら経済の動きを分析することができるという点です。

　生産面から見たGDPの定義はすでに確認したので，所得面と支出面からGDPを見てみましょう。

(2)　所得面からGDPを見る：国内総所得

　企業は労働力と資本を使って財・サービスを生産します。そこで得た所得から，企業は労働者を雇うのに賃金を支払ったり（雇用者報酬と呼びます），老朽化した機械を新しく買い替えるためにお金を積み立てたりします（固定資本減耗と呼びます）。ほかにも，株主に対する配当や銀行からの借入金に対する利子，あるいは借りている土地の賃貸料を支払います（営業余剰と呼びます）。つまり，

$$総所得＝雇用者報酬＋固定資本減耗＋営業余剰$$

というわけです。

　視点を変えて今の説明を振り返ってみましょう。私たちが労働者として働けば生産活動への貢献の対価として賃金を得ますし，土地や資本，資金を生産活動に提供すれば，その分だけ賃貸料や利子，配当金といった報酬を受け取ります。このように，生産活動によって得られた総所得は，生産活動の対価や報酬として家計に分配されます。2020年の「国民経済計算」を見てみると，総所得のうち約52%が雇用者報酬に当てられ，13%が営業余剰でした。このように，「総生産≡総所得」の関係がわかり，さらに総所得がどのように分配されているを統計で見ることができます。

(3)　支出面からGDPを見る：国内総支出

　次に，「総生産≡総支出」の関係に注目してみます。国内で一定期間に生産されたすべての最終的な財・サービス（総生産）を「誰がどういう用途で買ったのか」を考えてみましょう。「誰が」という部分ですが，マクロ経済学では家計・企業・政府・海外という4つの経済主体があると考えます。

　家計は生産活動から得た所得を用いて財・サービスを購入します。これを民間消費と言います。ちなみに，政府も税や国債を財源として消費を行なうので，民間が行なう消費を民間消費，政府が行なう消費を政府消費と呼んで区別します。ただし，この2つは呼び方が紛らわしいので，ここでは民間消費を**消費**，政府消費を**政府支出**と呼ぶことにします。企業は営業余剰の一部や金融機関からの借入金で新しく機械や生産設備を購入し，次なる生産活動を行ないます。このような購入が**投資**です。さらに，国内の家計や企業が海外から輸入された物を購入するために支出する場合もあります。このように海外の経済主体（家計や企業）が購入するものを輸出と言い，輸出から輸入を差し引いたものを**純輸出**と呼びます。総支出の内訳については次節でもう少し詳しく説明します。

8.6　総支出の内訳

(1)　消　　費

　消費とは，家計による財・サービスの購入を指します。例えば，食料品や日用品，家電などの財の購入，宅急便や美容院，旅行などのサービスへの支出，賃貸アパートの家賃（雨風をしのぐという建物が生み出すサービスに対する支払いですね）などが挙げられます。しかし，家計が新築住宅を購入する費用は次の投資に含まれます。後に数式で表す際に，消費は英語のConsumptionの頭文字からCと表記します。

(2)　投　　資

　投資を行なうのは主に企業（一部，家計）です。ここでの投資は日常用語で使う「株式投資」などの投資とは違い，企業が将来の生産のために行なう支出行動を指します。投資は固定投資と在庫投資に分かれ，固定投資はさらに設備投資と住宅投資に分かれます。設備投資とは，企業が生産設備を建設したりパソコンや機械を購入したりすることです。住宅投資は家計が新築住宅を購入する費用で，金額が大きく，景気の影響も受けやすいため，統計上は他の財・サービスへの支出と独立して計上されます。在庫投資は倉庫に保管されている生産物の売れ残りのことです。生産された財やサービスで売れ残ったものは，生産した企業自身が購入したと考えて在庫投資として計上するためです。投資は英語のInvestmentの頭文字からIと表記します。

(3)　政 府 支 出

　政府の経済活動も民間と同じく消費と投資に分類され，それぞれ政府最終消費支出（政府消費）と公的固定資本形成（公的投資）という項目で計上されます。政府消費と公的投資の2つを合わせたものが政府支出です。

　政府消費は，政府が国民に提供するサービスや政府による消費支出を指しま

す。例えば，公務員への給与の支払い，警察・消防・ごみ収集・教育やその他の一般公共サービスの提供，医療保険や介護保険，保育所などの社会保障の現物（社会）給付，役所の電気代や公用車の購入などが挙げられます。政府が提供するサービスはその1つひとつに価格がついているわけではなく，多くの場合は無料です。そのため，8.1節で説明したGDPの定義からは外れますが，政府が自分自身でサービスを購入して国民に提供していると考えてGDP統計に計上します。注意しておきたいのは，年金給付や失業手当といった現金での給付は，新たに生産された財やサービスを消費しているわけではなくお金が動いているだけなので政府消費には含みません。これは国民経済計算の「一般政府から家計への移転の明細表（社会保障関係）」に区分されます。

公的投資に当てはまるのは道路や橋，ダムの建設といった公共事業です。公共事業で建設される道路などは長期間利用されますので，消費ではなく投資と呼ばれます。数式内では，政府支出は英語のGovernment Expenditureの頭文字からGと表記します。

(4)　純　輸　出

日本で生産されたものを輸出して海外の人が購入する場合があります。逆に，海外で生産されたものを輸入して日本国内の人が支出する場合もあります。GDP計算は国内で生産された財・サービスが対象です。そのため，輸出された財・サービスは総支出の項目に含まれますが，輸入されたものは日本国内で生産されていないので総支出額から金額が差し引かれます。このように，輸出（Exports，これをEXで表記します）から輸入（Imports，これをIMで表記します）を引いた分が純輸出です。純輸出は英語のNet Exportの頭文字からNXと表記します。つまり，

$$NX = EX - IM$$

です。

例えば，自動車ディーラーが30万円の外車を海外から購入する一方で，国内の自動車メーカーが100万円の国産車を海外で販売したとします。GDPは国内

で生産された物のみを計上するので，輸出した自動車の100万円を支出に加え，海外で生産されて輸入した外車の30万円を支出から引きます。この100万円 − 30万円 ＝ 70万円が純輸出（＝輸出 − 輸入）です。ちなみに，輸出入は自動車などの財だけでなくサービスも含みます。サービスの輸出入の例として，海外の人が日本の航空会社を用いて日本に旅行に来る場合，これは日本のサービスを海外に輸出していることになります。

　さて，上で説明した消費（C）・投資（I）・政府支出（G）・純輸出（NX）の合計が総支出ですから，数式では

$$C + I + G + NX = 総支出$$

と表されます。三面等価の原則により総支出は常に総生産と等しくなるため，上の数式は

$$総生産 = C + I + G + NX = 総支出$$

と書き換えることができます。総生産をY（英語のYields（収穫物）の頭文字からきています）で表すと，

$$Y = C + I + G + NX$$

と表せます。

問題1　以下の言葉の意味を答えなさい。
(1) GDP
(2) 付加価値
(3) 三面等価の原則

問題2　次の文章で正しいものは○，間違っているものは×を答えなさい。
(1) 一国の経済活動を支出面から見たとき，その経済主体（その経済活動を行なっている人や団体）は，家計，企業，社会保障基金，政府の4つから成り立っている。
(2) GDPはストック変数であるため，一定期間の間に生産されたものが計上される。
(3) 国内で経済取引が完結している場合（海外との貿易を考えない場合），一定期

間に国内で生産されたすべての財・サービスの付加価値の合計は，最終財・サービスの市場価格の合計と一致する。

(4)　一定期間に国内で生産されたすべての財・サービスの付加価値の合計は，総所得だけでなく，総支出にも一致する。

(5)　農家の自家消費される財は市場で販売されていないので，GDPには含まれない。

(6)　支出面から見たGDPは消費・投資・政府支出・純輸出の和で表される。

(7)　輸出よりも輸入が多いとき，純輸出はプラスの値となる。

問題3　最新の「国民経済計算」のデータを見て，日本は輸出と輸入どちらが多いか確認しなさい。（第9章を参照してください。）

第9章
名目GDPと実質GDP

　本章では名目GDPと実質GDPについて説明し，実際の日本のGDPのデータを確認します。また，GDPを人口で割った1人当たり実質GDPは豊かさを測る指標として優秀であることを説明し，世界の国のGDPや豊かさに関するデータを見ていきます。

9.1　GDPが変化する要因

　第8章ではGDPとは何かについて学びました。多くの国の政府は何とかしてGDPを増やそうと色んな経済政策を行なっています。何をすればGDPが増えるかを明らかにするためにも，まずはGDPの変化の要因を理解しましょう。

　財・サービスの価値は，「価格」と「生産量」の2種類の要因で変化します。原材料はすべて国内で調達し，最終財がおにぎりだけの経済を考えてみましょう。

　図9.1には去年と今年のGDPを産出するのに必要な情報が載っています。ケース1とケース2の2種類のケースがあります。

ケース1（今年のおにぎりの生産量が去年の2倍）

・　去年のおにぎり1個の価格は100円で生産量が2個

・　今年のおにぎり1個の価格は100円で生産量が4個

ケース2（今年のおにぎりの価格が去年の2倍）

・　去年のおにぎり1個の価格は100円で生産量が2個

・　今年のおにぎり1個の価格は200円で生産量が2個

図9.1 おにぎりだけを生産している経済の去年と今年の価格と生産量

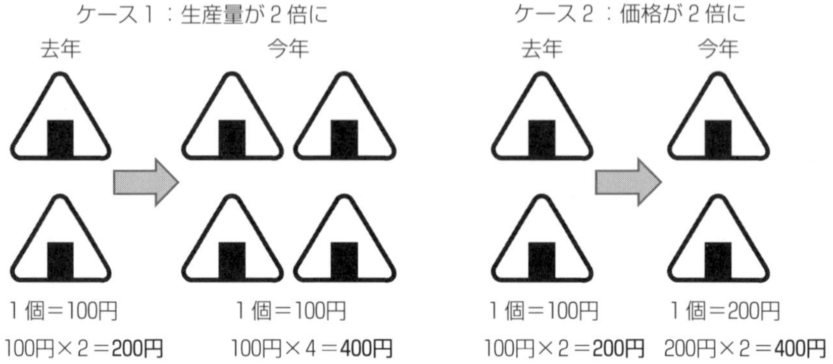

ケース1：生産量が2倍に

去年　　　　　　　　　今年

1個＝100円　　　　　1個＝100円
100円×2＝200円　　　100円×4＝400円

ケース2：価格が2倍に

去年　　　　　　　　　今年

1個＝100円　　　　　1個＝200円
100円×2＝200円　　　200円×2＝400円

　どちらのケースも去年のおにぎりの価格と生産量は同じです。第8章で学んだとおり，「最終財の価値＝GDP」なので，おにぎりの生産量が2倍に増えたケース1でも，おにぎりの価格が2倍に上がったケース2でも，今年のGDPは2倍になりそうです。では，どちらの場合も今年の生活水準は同じと言えるでしょうか。いいえ，そんなことはありませんね。ケース1では，食べられるおにぎりの量が去年と比べて2倍に増えたので生活水準が上がったと言えるでしょう。しかし，ケース2の場合は，食べられるおにぎりの量が変わらないので生活水準に変化があるとは言えません。つまり，GDPが増えたからといって，必ずしも生活水準が上がったとは限らないのです。上で説明した2つのケースを区別することが重要となってきます。そのための指標として名目GDPと実質GDPがあります。

9.2　名目GDPと実質GDP

　名目GDPは，財・サービスの価格と生産量の変化をすべて考慮して測るGDPのことです。例えば，今年の名目GDPは，今年の価格を使って今年の生産を評価し，5年前の名目GDPは，5年前の価格を使って5年前の生産を評価します。それに対して**実質GDP**は，価格の変化を無視して，それぞれの年

の生産を評価するGDPです。この場合には，なんらかの決まった価格を使う必要がありますが，1番よいのは「基準年」を定めて，基準年の価格を使うことです。したがって，今年の実質GDPは，ある基準年の価格を使って今年の生産を評価し，5年前の実質GDPも同じ基準年の価格を使って5年前の生産を評価することになります。

では，おにぎりの例で名目GDPと実質GDPの違いを確認してみましょう。ここで，実質GDPを測るときの基準年は「去年」としておきます。去年の名目GDPは200円で，今年の名目GDPはケース1でもケース2でも400円です。実質GDPの計算では各年の生産を評価するときに基準年（ここでは去年）の価格「おにぎり1個100円」を使います。そのため，去年の実質GDPは200円，今年の実質GDPはケース1で100×4＝400円，ケース2で100×2＝200円です。

ここまではおにぎりが最終財の経済を例に説明してきましたが，実際の経済にはたくさんの財・サービスが存在します。財の種類が増えても考え方は同じです。ここで2種類の最終財（財1，財2）が存在し，海外との取引がない経済におけるGDPの計算方法を確認してみましょう。ただし，実質GDPを計算するときの基準年はX_1年としておきます。

		X_1年	X_2年
財1	価格	100	100
	数量	10	12
財2	価格	200	180
	数量	5	5

まず，各年の名目GDPを計算してみましょう。

[X_1年の名目GDP]

		X_1年	X_2年
財1	価格	100	100
	数量	10	12
財2	価格	200	180
	数量	5	5
	名目GDP	2000	2100

　名目GDPはその年の生産をその年の価格で評価するので，X_1年の名目GDPを計算するときは，網かけ部分の価格と数量を使ってこのように計算できます。

$$X_1\text{年の名目GDP} = 100 \times 10 + 200 \times 5 = 2000$$

X_2年についても同様です。X_2年の価格を使ってX_2年の生産を評価すると，2100であることが分かります。

$$X_2\text{年の名目GDP} = 100 \times 12 + 180 \times 5 = 2100$$

　次に，X_1年の実質GDPを計算してみましょう。基準年であるX_1年の価格を使ってX_1年の生産を評価するので，実はX_1年の名目GDPを計算したときと同じ情報（図「X_1年の名目GDP」の網かけ部分）を使って計算でき，結果も同じになります。

$$X_1\text{年の実質GDP} = 100 \times 10 + 200 \times 5 = 2000$$

最後にX_2年の実質GDPを求めてみましょう。

[X_2年の実質GDP]

		X_1年	X_2年
財1	価格	100	100
	数量	10	12
財2	価格	200	180
	数量	5	5
基準年X_1年	実質GDP	2000	2200

　X_2年の実質GDPは，X_1年の価格を使ってX_2年の生産を評価します。図の網かけ部分の数値を使ってこのように計算できます。

$$X_2\text{年の実質GDP} = 100 \times 12 + 200 \times 5 = 2200$$

　さて，国が豊かになったかどうかを知りたいときは実質GDPと名目GDPのどちらの変化に着目すればよいでしょうか。おにぎりの例でも分かるように「数量」が増えないと豊かになったと言えないので，着目すべきは実質GDPですね。「実質GDPが昔と比べてどれだけ増えたか」というのは「昔と比べてどれだけ豊かになったか」を意味しているため，多くの国の政府が実質GDPを気にかけています。

　この「実質GDPが去年と比べてどれだけ変化したか」を表す指標が経済成

長率です。数式を使って表現すると次のようになります。

$$
\substack{\bigcirc\bigcirc年の \\ 経済成長率(\%)} = \frac{\bigcirc\bigcirc年の実質GDP - 前の年の実質GDP}{前の年の実質GDP} \times 100
$$

　新聞記事やニュースで「経済成長率が上向いた」や「経済成長率が落ち込んだ」などといったことをよく目にすると思いますが，これは実は実質GDPがどう変化するかについての話だったのです。多くの国の政府は何％の経済成長率を目指すのかという数値目標を持っています。日本では，2013年に発足した第2次安倍内閣が，10年間で平均2％程度という経済成長率を目標として掲げました。その目標は現在も引き継がれています。

9.3　日本のGDP

　ここでは，日本のGDPのデータの調べ方を紹介し，実際にその中身を見ていきます。日本のGDPは内閣府の「国民経済計算」から誰でも閲覧できます。まずは，日本のGDPのデータの入手方法を説明します。

① 　検索サイトで「国民経済計算」と検索し，1番上に出てくるサイト「国民経済計算（GDP統計）」にアクセスします。

② アクセスした「国民経済計算（GDP統計）」のトップページを少し下の方に移動すると「最新の四半期別GDP速報」という項目があります。ここでは四半期ごとに概算された最新のGDPを確認することができます。

③ 過去のGDPも知りたいときは，「最新の四半期別GDP速報」の下に「国民経済計算年次推計」という項目があり，この中の「統計表一覧」にアクセスします。

④　アクセスしたページを少し下にスクロールすると，「IV.主要系列表」とい
う項目があります。ここから日本の GDP のデータを Excel 形式でダウンロー
ドすることができます。「(1) 国内総生産（支出側)」では支出面から測った
GDP が，「(2) 国民所得・国民可処分所得の分配」からは所得面から測った
GDP が，「(3) 経済活動別国内総生産」からは生産面から測った GDP がダ
ウンロードできます。

次に日本の GDP の中身を見ていきます。先ほど紹介した手順で，支出面か
ら見た名目 GDP をダウンロードしてみてください。第 8 章で学んだとおり，
国内総生産は「消費」，「投資」，「政府支出」，「純輸出」から構成されています。
しかしファイルの中身を見てみると「消費」，「投資」など第 8 章で学んだ言葉
を見つけることはできません。実は，第 8 章で学んだ「消費」に対応するデー
タの項目は，「民間最終消費支出」なのです。表 9.1 では，教科書での表現と
対応するデータ項目と，各項目の値を載せています。

各支出項目の GDP に占める割合を見ると，消費が半分以上占めていること
が分かりますね。もちろん，各項目の値は毎年変動しますが，この傾向が急に
大きく変わることはなく，GDP に占める割合は毎年よく似た値になっています。
日本の名目 GDP は 550 兆円くらいで半分以上が消費なんだ，ということを知っ

ておけばよいでしょう。GDPに関するだいたいの値を知っていると，新聞記事やネットニュースで「景気対策に〇兆円」や「経済効果〇兆円」などという大きな数字を見たときに，それがどれだけ大きいのか想像しやすくなります。

　また，消費の割合が大きいということは，GDPに与える消費の影響が大きいということです。日本では過去に消費税増税が何度も見送られたことがあります。消費税を増税すると消費が落ち込むことが想定され，GDPの半分以上を占める消費が減少すると，GDPも落ち込むことが懸念されます。政府は，この落ち込みを打ち消すほどの経済成長が期待できているときに増税しようと考え，何度も延期していたのです。

表9.1　日本の名目GDPとその構成要素

教科書での表現	国民経済計算の データ内での表現	2020年の値 （単位：兆円）	GDPに占める割合 （単位：%）
消費（C）	民間最終消費支出	291	54
投資（I）	総資本形成	136	25
政府支出（G）	政府最終消費支出	113	21
輸出（EX）	財貨・サービスの輸出	84	16
輸入（IM）	財貨・サービスの輸入	85	16
GDP（Y）	国内総生産（支出側）	539	100

　今度は日本の名目GDPと実質GDPがどう変化してきたかについて見ていきましょう。図9.2が1955年から1993年のGDPで，図9.3が1994年から2020年までのGDPです。最近の30年と戦後の40年を比べると様子が全然違います。

図 9.2　1955 年〜1993 年の GDP（単位：兆円）

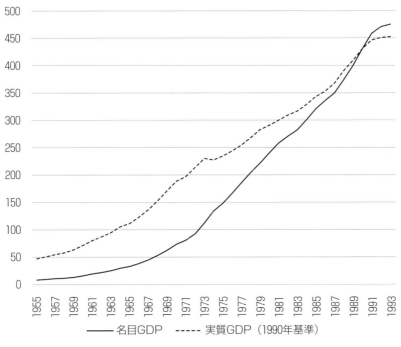

出所：内閣府「国民経済計算」

　戦後 40 年の前半は特に，名目 GDP も実質 GDP も右肩上がりで伸びています。
1955 年に約 8 兆円であった名目 GDP は 1973 年にその 14 倍の 112 兆円にまで成長
しました。この時期は，日本の経済規模が飛躍的に拡大したことから**高度経済**
成長期と呼ばれています。それと比べて最近の 30 年の GDP は昔ほどの勢いは
全くありません。2007 年に生じたサブプライム住宅ローン問題に端を発した世
界金融危機や，2020 年の新型コロナウイルス感染症拡大の影響により GDP が
短期的に落ち込むことはあるものの，だいたい 0 〜 2 ％の成長率でゆるやかに
推移しています。90 年代以降のこの経済停滞は「失われた 20 年」，「失われた 30
年」などと呼ばれています。

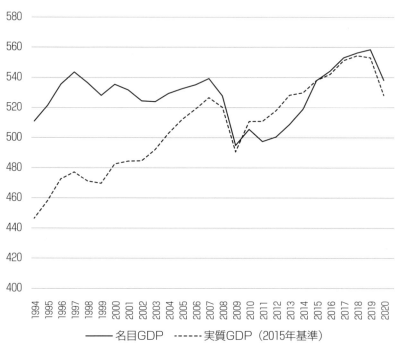

図 9.3　1994年〜2021年のGDP（単位：兆円）

凡例：——　名目GDP　------　実質GDP（2015年基準）

出所：内閣府「国民経済計算」

9.4　GDPの大きさと豊かさ

　豊かさを測るときは実質GDPに着目すればよさそうだということが分かったかと思います。では実質GDPが大きければ大きいほど豊かなのでしょうか。実のところ，話はそう簡単ではありません。

　もう1度おにぎりだけを生産している経済の例に戻って考えてみましょう。今度は人口とGDPに着目します。図のように国A，国Bがあり，両国はおにぎりを年間10トン生産しているとします。また，国Aの人口は5人で国Bの人口は10人とします。おにぎり10トン分を基準年の価格で評価した額が両国の実

図9.4　おにぎりだけを生産している経済（国Aと国B）の生産量と人口

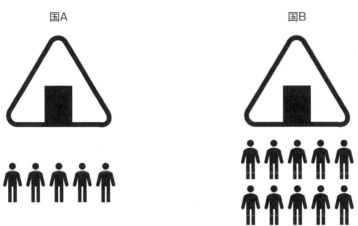

質GDPです。人口が5人であっても10人であっても実質GDPはおにぎり10トン分です。では，生活水準と人口はどう関係しているでしょうか。人口が5人の国Aの方が10人の国Bよりも豊かであると言えるでしょう。人口が5人のときは1人当たり年間2トンのおにぎりを消費することができますが，人口が10人のときは1人当たり年間1トンのおにぎりしか消費することができないためです。

　このように，豊かさを比較する場合は，実質GDPだけではなく人口も考慮する必要があります。そこで出てくる指標が**1人当たり実質GDP**です。実質（名目）GDPを人口で割った指標を1人当たり実質（名目）GDPと呼びます。この値は，1人当たりどれだけ支出したか，どれだけ所得を得たか，どれだけ生産したかを表しており，豊かさを比べるときに用いられます。

　ここでみなさんは「ん？　1人当たり実質GDPで豊かさを語ってもいいの？お金があれば幸せって限らないよね？」と疑問を持ったかもしれません。確かに，GDPを計算するときに考慮する要素と豊かさそのものを構成する要素が完全に一致するわけではありません。例えば，余暇の長さや健康状態などはGDPを計算するときに考慮されませんが，豊かさを判定するときには大事な

項目となってくるでしょう。けれども実は，1人当たり実質GDPが大きい国では，豊かさを構成する健康状態などの要素も優れていることが多いのです。そのため，1人当たり実質GDPは豊かさを測るのに適した指標なのです。

以下では1人当たり実質GDPと「豊かさとは関係しているがGDPを計算するときには考慮されていない要素」の関係について実際のデータを紹介します。

図9.5　2019年の平均余命と1人当たり実質GDP

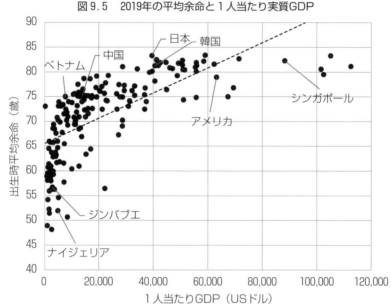

出所：Penn World Table 10.0, United Nations, Department of Economic and Social Affairs, Population Division (2019). 以下，Penn World Table 10.0と略記。World Population Prospects 2019, Online Edition. Rev. 1.

図9.5は2019年の出生時平均余命と1人当たり実質GDPの散布図です。1人当たり実質GDPが大きい国ほど平均余命も長い傾向にあることが分かります。図9.6は労働者の平均労働時間と1人当たり実質GDPの関係です。例えば日本よりも1人当たり実質GDPが低い中国やベトナムは，日本よりも労働時間が長くなっており，あまり余暇を過ごせていないと推測できます。

このように，1人当たり実質GDPが大きければ多くの場合において「豊か

図 9.6　労働者の平均労働時間と 1 人当たり実質 GDP

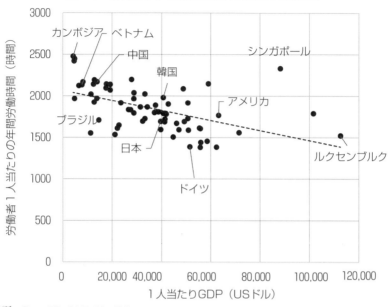

出所：Penn World Table 10.0

さとは関係しているが GDP を計算するときには考慮されていない要素」と強く相関していることが分かります。

　ただし，1 人当たり実質 GDP は平均的な所得，生産，支出を表しており，これをじっと見ても格差についての情報は一切得ることができません。こういった情報を知るためにはもう少し詳しいデータを見ていく必要があります。このように限界はあるものの，豊かさの情報をある程度正確に反映していて簡単に国際比較ができるので，1 人当たり実質 GDP は豊かさを測る指標としてはかなり優秀であると言えるでしょう。

　マクロ経済学ではこの豊かさの指標である GDP をどうやって大きくするか，最近日本の GDP が伸び悩んでいるのはナゼかなどについても研究されます。このあと第 11 章では短期的な視点から GDP の変化に着目し，第 12 章では長期的な視点から GDP をどう成長させていくことができるのかについて学びます。

[問題1]　141ページの表において，基準年をX_2年とする。この場合に，X_1年とX_2年の実質GDPを計算しなさい。

[問題2]　内閣府国民経済計算のウェブサイトにアクセスし，最新年度の日本の名目GDPと実質GDP，その支出面からみた内訳（C, I, G, EX, IM）を調べなさい。

[問題3]　ある国ではTシャツとパンとコーヒーの3種類の最終財を生産しており，生産における原材料はすべて国内で調達しているとする。X_1年とX_2年のそれぞれの財の生産量と価格は以下のとおりである。また，実質GDPを計算する際の基準年はX_1年とする。

		X_1年	X_2年
Tシャツ	価格	10	15
	数量	12	10
パン	価格	3	4
	数量	100	110
コーヒー	価格	2	3
	数量	90	60

(1)　X_1年の名目GDPを求めなさい。
(2)　X_1年の実質GDPを求めなさい。
(3)　X_2年の名目GDPを求めなさい。
(4)　X_2年の実質GDPを求めなさい。
(5)　X_2年の経済成長率を求めなさい。

[問題4]　次の文章を読み，内容が正しければ「○」，誤りであれば「×」と答えなさい。
(1)　ある国では，去年から今年にかけて，すべての財の価格が下落したが，財の生産量には変化がなかった。このとき，今年の実質GDPは去年と同じ値をとる。
(2)　ある国では，去年から今年にかけて，どの財の価格にも変化はなかったが，すべての財の生産量が1.2倍になった。このとき，今年の実質GDPは去年の1.2倍になるが名目GDPは去年と同じ値をとる。
(3)　基準年が変わると，名目GDPは変化するが実質GDPは変化しない。
(4)　去年と比べて今年が豊かになったかどうかを知りたい場合は，名目GDPが増え

たかどうかを調べればよい。

(5)　日本の近年の名目 GDP は約550億円である。

(6)　日本の支出面からみた GDP の構成要素（消費，投資，政府支出，輸出，輸入）のうち，最も額が大きいのは投資である。

(7)　ある国では過去10年，人口が一定のまま名目 GDP が 2 倍になった。したがって，この国は豊かになったと言える。

(8)　米だけを生産している国 A と国 B を考える。国 A の人口は100万人で年間100単位の米を生産し，国 B の人口は50万人で年間80単位の米を生産している。このとき，1 人当たり実質 GDP に着目すると国 B のほうが国 A よりも豊かであると言える。

(9)　GDP を計算するときには平均余命も考慮するので，GDP が大きい国は平均余命も長い。

(10)　ある国において個人間の所得格差が拡大しているかどうかを知りたい場合は 1 人当たり実質 GDP を過去と比較すればよい。

第10章

物価指数，インフレと
デフレ

世の中には様々な財・サービスがあり，それぞれが違った価格で取引されています。そうした価格を全体的に表したものを物価と言い，いくつかの物価指数を使って表します。財・サービスをひとまとまりにして考えることができるため，物価の推移によって経済の変化を見ることができます。本章ではGDPデフレーターと消費者物価指数という２つの物価指数について詳しく説明します。そのうえで，物価の継続的な上昇・下落であるインフレ・デフレについても学びます。

10.1　物の価格と物価の違い

物価は「物の価格」を短く言いかえた言葉のことだと思うかも知れませんが，実は価格と物価は意味合いが違います。価格は，個々の財・サービスを売買するときに使われる金額（取引に必要な貨幣の量）のことです。スマホが１台６万円，ダウンジャケットが１着３万円，ラーメンが１杯900円といった具合に，「円」という単位と一緒に示されます。もちろん，日本国内では「円」という通貨単位で価格を表示しますが，外国ではそこで使用している通貨の単位で価格を表示します。米国だったら「ドル」，中国だったら「元」，スペインだったら「ユーロ」ですね。

物価とは，色んな財・サービスの価格を全体的に表したものです。スマホ，ダウンジャケット，ラーメン，映画鑑賞サービスなど，様々な財・サービスを詰め合わせたバスケット（かご）を思い浮かべてみましょう。概念的には，このバスケットの価格が物価とよく似ています。ただし，物価は，バスケットの中身の合計金額や平均価格とは違います。この点には注意が必要です。物価

には「円」のような単位がなく，**物価指数**という指数を使って表します。

　物価指数には2種類の計算方法があります。バスケットのイメージを使って詳しく説明しましょう。

　基準年と今年（測定年）を比べると，バスケットの中身の品目は同じなのですが，品目ごとの数量や価格が変わったとします。そのうえで，2つの質問を考えましょう。それぞれの質問が別々の物価指数に対応しています。では，最初の質問です。

　「もし，基準年の価格で今年のバスケットの中身を買いなおしたら，全部でいくらだろう？」

　今年の実際のバスケットと，上の質問の答え（今年の仮想のバスケット）を比べてみて，もし実際のバスケットの方が高ければ，全体的には価格が上がったことになります。つまり物価が上昇したということです。

　このように，基準年の価格を使って計算する物価指数を**パーシェ指数**と言います。パーシェ指数という呼び名は，この計算方式を考案したドイツの経済学者パーシェの名前にちなみます。では，パーシェ指数を数式で書いておきましょう。N種類の財・サービスがバスケットの中にあるとします。数量はすべて測定年の数値を使う点に注意してください。

　　測定年のパーシェ指数＝100×（財1の測定年価格×財1の測定年数量＋……
　　　　　　　　　　　　　　　　　　　　＋財Nの測定年価格×財Nの測定年数量）
　　　　　　　　　　　÷（財1の基準年価格×財1の測定年数量＋……
　　　　　　　　　　　　　　　　　　　　＋財Nの基準年価格×財Nの測定年数量）

　さて，2番目の質問です。

　「もし，今年の価格で基準年のバスケットの中身を買いなおしたら，全部でいくらだろう？」

　基準年の実際のバスケットと，上の質問の答え（基準年の仮想のバスケット）を比べてみて，もし仮想のバスケットの方が高ければ，全体的には価格が上がったことになります。つまり物価が上昇したということです。

　このように，基準年の数量を使って計算する物価指数を**ラスパイレス指数**と言います。こちらの計算方式を提案したラスパイレスも，やはりドイツの経済

学者です。さて，ラスパイレス指数を数式で書いておきましょう。数量はすべて基準年の数値を使う点に注意してください。

測定年のラスパイレス指数＝100×（財１の測定年価格×財１の基準年数量＋……
　　　　　　　　　　　　　＋財Ｎの測定年価格×財Ｎの基準年数量）
　　　　　÷（財１の基準年価格×財１の基準年数量＋……
　　　　　　　　　　　　　＋財Ｎの基準年価格×財Ｎの基準年数量）

　パーシェ指数だのラスパイレス指数だの，なんともややこしいですね。しかし，これらの概念を知っておくと，このあとの説明を理解しやすくなります。10.2節と10.3節では，私たちが普段目にする，GDPデフレーターと消費者物価指数という２つの物価指数について，数値例を使いながら説明していきます。

10.2　GDPデフレーター

　10.1節ではバスケットの中身について具体的には考えませんでした。色いろと候補は挙がりそうですが，いっそのこと，国内で生産したすべての最終財・サービスを詰め込んでみましょう。このようにして計算したパーシェ指数が**GDPデフレーター**です。念のため，国内で２種類の最終財しか生産していない場合のGDPデフレーターを数式で書いておきます。

測定年のGDPデフレーター＝100×（財１の測定年価格×財１の測定年数量＋……
　　　　　　　　　　　　　＋財２の測定年価格×財２の基準年数量）
　　　　　÷（財１の基準年価格×財１の測定年数量＋……
　　　　　　　　　　　　　＋財２の基準年価格×財２の測定年数量）

　この数式を注意深く見てみると，右辺にある分子は測定年の名目GDPで，分母は測定年の実質GDPであると気がつきます。つまり，物価指数はこのように書き直すことができるのです。

$$測定年のGDPデフレーター＝100×\frac{測定年の名目GDP}{測定年の実質GDP}$$

　数式が非常にすっきりとしました。この定義式を使って，GDPデフレーターを実際に計算で求めてみましょう。話を分かりやすくするために，下図のように２種類の最終財だけを国内で生産しているとします。基準年は$X1$年です。

		X_1年	X_2年
財1	価格	100	100
	数量	10	12
財2	価格	200	180
	数量	5	5

　GDPデフレーターは2つのステップで求めることができます。

［ステップ1］

　まずは，基準年をX_1年として，各年の名目GDP（①③）と実質GDP（②④）を計算します。「基準年」の意味やGDPの計算方法が分からない読者は141～142ページを読み直してみてください。

		X_1年	X_2年
財1	価格	100	100
	数量	10	12
財2	価格	200	180
	数量	5	5
基準年X_1年	名目GDP	①2000	③2100
	実質GDP	②2000	④2200

［ステップ2］

　ステップ1で求めた名目GDPと実質GDPの数値を使ってGDPデフレーターを計算します。

		X_1年	X_2年
財1	価格	100	100
	数量	10	12
財2	価格	200	180
	数量	5	5
基準年X_1年	名目GDP	2000	2100
	実質GDP	2000	2200
X_1年基準のGDPデフレーター		⑤100	⑥95

基準年であるX_1年では名目GDPと実質GDPが一致するため，GDPデフレーター（⑤）は必ず100です。基準値が100ということですね。他方で，X_2年のGDPデフレーター（⑥）は下の計算から95です（ここでは小数点以下を切り捨てています）。

$$X_2年のGDPデフレーター = 100 \times 2100 \div 2200 \fallingdotseq 95$$

10.3　消費者物価指数

GDPデフレーターでは国内で生産するすべての最終財・サービスをバスケットに詰め込みましたが，こうした財・サービスの中には私たちの生活と結びつきの薄い物も多く含まれています。私たちの実感と近いのは衣食住において実際にお金を支払って消費する品物の価格でしょう。そこで，普段の生活の中で一般的な家庭が消費する財サービスにしぼった物価指数を考えることができます。この考え方を踏まえて作成されるラスパイレス指数が**消費者物価指数**（**CPI**）です。念のため，2種類の財（基準年の財）だけがバスケットに詰め込まれている場合の消費者物価指数を数式で書いておきます。

測定年の消費者物価指数＝100×（財1の測定年価格×財1の基準年数量
　　　　　　　　　　　　　　＋財2の測定年価格×財2の基準年数量）
　　　　　　　　　　　　÷（財1の基準年価格×財1の基準年数量
　　　　　　　　　　　　　　＋財2の基準年価格×財2の基準年数量）

指数品目には，「家計調査」で消費者が実際に記入した家計簿の集計結果を基にして，支出額の多い品目を選んでいます。大分類は食料，住居，光熱・水道，家具・家事用品，被服及び履物，保健医療，交通・通信，教育，教養娯楽，諸雑費の10費目で，それが全部で582品目に分かれています。普通は，5年に1度，直近の家計調査の結果に基づいて品目を見直します。ただし変化のスピードが速いこのご時世のこと，品目を見直した後に新製品が急速に普及したり，人びとの消費パターンが急激に変化した際には5年間の途中でも品目を見直すことがあります。

バスケットの中身が2020年の基準改定でどのように入れ替わったのかは，総

務省統計局が公表している『2020年基準消費者物価指数の解説』の「2020年基準改定における追加・廃止・統合品目」に詳しく書かれています。食料として「シリアル」「アボカド」などが追加され，「もち米」は廃止されました。確かに，自宅でもち米を炊いて赤飯やおこわを作るなんて（私は）全然しません。「ノンアルコールビール」が新登場したのもまさに時代の流れに合っているように思えます。「2020年基準改定における追加・廃止・統合品目」を眺めていて思わず，あ！　と声が出たのは，交通・通信として「固定電話機」が「ドライブレコーダー」に置き換わったのを見たときです。固定電話機……。私の実家にも当然，電話機はありましたが，これだけスマホが普及した世の中では，確かに固定電話機を自宅に設置する必要性もあまり感じません。消費者物価指数を作るために対象となる品目は私たちの生活スタイルを反映する鏡なのだとも言えます。

　では，先ほどと同じ 2 種類の財が消費者物価指数で使う品目だとして，消費者物価指数を計算してみましょう。基準年は X_1 年です。消費者物価指数は 3 つのステップで求めることができます。

［ステップ1］

　まずは，X_1 年（基準年）の「測定年価格で買ったバスケット総額」（①）を計算します。バスケットには基準年の財を詰め込んでいることに注意しましょう。

			X_1 年	X_2 年
財 1	価格		100	100
	数量		10	12
財 2	価格		200	180
	数量		5	5
測定年価格で買ったバスケット総額			①2000	②
X_1 年基準の消費者物価指数			③	④

　測定年とは X_1 年のことですから，網かけ部分の数量と価格を使います。下

の計算より，X_1年の「測定年価格で買ったバスケット総額」（①）は2000です。

　　X_1年の測定年価格で買ったバスケット総額 $= 100 \times 10 + 200 \times 5 = 2000$

［ステップ2］

　次に，X_2年の「測定年価格で買ったバスケット総額」（②）を計算します。

		X_1年	X_2年
財1	価格	100	100
	数量	10	12
財2	価格	200	180
	数量	5	5
測定年価格で買ったバスケット総額		①2000	②1900
X_1年基準の消費者物価指数		③	④

　価格は測定年（X_2年）のデータを使いますが，数量は基準年（X_1年）の
データを使うことに注意しましょう。網かけの数値を使うと，バスケット総額
（②）はこう計算できます。

$$10 \times 100 + 5 \times 180 = 1900$$

［ステップ3］

　最後に，上のステップで求めたバスケット総額を使ってX_1年基準の消費者
物価指数（③，④）を計算します。

		X_1年	X_2年
財1	価格	100	100
	数量	10	12
財2	価格	200	180
	数量	5	5
測定年価格で買ったバスケット総額		①2000	②1900
X_1年基準の消費者物価指数		③100	④95

　消費者物価指数は基準年の値を100とする指数ですので，X_1年の消費者物価

指数（③）は100です。X_2年の消費者物価指数は，X_2年のバスケット総額を基準年のバスケット総額で割った値を100倍して求めます。前に紹介したラスパイレス指数の数式でこのことを確認しておきましょう。

X_2年の消費者物価指数 ＝ 100×（財1の測定年価格×財1の基準年数量
＋財2の測定年価格×財2の基準年数量）
÷（財1の基準年価格×財1の基準年数量
＋財2の基準年価格×財2の基準年数量）

$$= 100 \times \frac{X_2 年のバスケット総額}{基準年のバスケット総額}$$

網かけの数値を使うと，X_2年の消費者物価指数（④）は95であることが分かります。

$$100 \times 1900 \div 2000 = 95$$

10.4　GDPデフレーターと消費者物価指数の違い

10.2節と10.3節ではGDPデフレーターと消費者物価指数という2つの物価指数について詳しく説明しました。これらの物価指数を使い，日本の物価水準がどのように推移してきたのかをグラフで確認しておきましょう。

図10.1は1994年以降のGDPデフレーターと消費者物価指数の推移を表しています。基準年はそれぞれGDPデフレーターが2015年，消費者物価指数が2020年です。どちらを見ても，1998年頃から2013年頃まで物価がおおむね下がり続けていることが確認できます（消費者物価指数は2008年に一度上昇しています）。その後，2020年にかけて，わずかではありますが，物価は緩やかに上昇してきているのが見て取れるでしょう。

2つの物価指数はグラフ上で似たような動きを見せていますが，完全に一致しているわけではありません。これは，物価指数の計算方法が違うからです。計算方法の違いをここで整理しておきたいと思います。

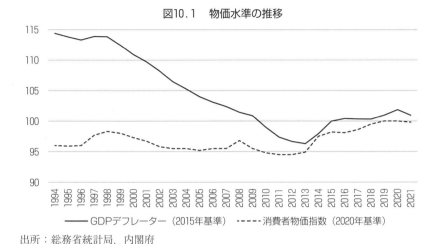
図10.1　物価水準の推移

出所：総務省統計局，内閣府

① 　GDP デフレーターはパーシェ指数，消費者物価指数はラスパイレス指数。
② 　GDP デフレーターの対象はすべての財・サービス，消費者物価指数の対象は消費生活のうえで重要ないくつかの品目のみ。
③ 　GDP デフレーターの対象は国内で生産された財・サービスのみ，消費者物価指数の対象は国産品だけでなく輸入品を含む。

　今回は GDP デフレーターと消費者物価指数の 2 つの物価指数を詳しく説明しましたが，実は物価指数はほかにも種類があります。消費者物価指数は消費者にとって重要性の高い財・サービスに焦点を当てて作られた指数ですが，それと同じ考え方を企業に当てはめたのが企業物価指数です。企業の間で取引される財・サービスをバスケットの中身として作られた物価指数で，日本銀行が公表しています。興味があったらぜひ，日本銀行のウェブサイトを訪ねてみてください。

10.5　インフレとデフレ

　物価水準が持続的に上昇していく現象を**インフレ**と言います。「持続的に」という点がポイントです。去年と比べて今年の物価が高くなったからといって，ただちに「インフレだ」とは言いません。ちなみに，インフレはインフレーションを縮めた言い方です。

　一般的に，好景気には緩やかなインフレが起きやすくなります。なぜでしょうか。景気が良ければ人びとは多くの品物を買い求めるので，財・サービスの価格が上がります。そして，財・サービスの需要増加に応えるべく，雇用が増加して失業率は下がります。そのため，インフレ率が 2 ％程度の緩やかなインフレは望ましいと考えられています。

　ただし，インフレが「緩やか」をはるかに超えて「激しい」水準に達してしまうと，望ましいとは到底言えません。例えば，ドイツでは第 1 次世界大戦中から物価が大きく上がり始め，敗戦後には一気に跳ね上がりました。1913年の年初と比べると，1923年末には物価が 1 兆倍を超える水準にまで達します。インフレ率が毎月50％を超えるインフレを**ハイパーインフレ**と呼びますが，ドイツのインフレはハイパーインフレです。貨幣供給量の増大が原因であると言われています。

　このような激しいインフレの問題点はどこでしょうか。ある月の食費が 5 万円だったとします。ところが，インフレによって，同じ物を食べているのに半年後の食費が50万円に上がってしまいました。別の言い方をすると，5 万円で買える食料品が10分の 1 になってしまったわけです。インフレが起こると通貨の購買力が下がり，預貯金などの金融資産の価値が目減りします。問題はこれに留まりません。通貨の購買力が下がる前に人びとはできるだけ早く財サービスを購入しようと考えるため，需要が急速に増えて物価はさらに上がります。つまり，インフレがインフレを呼ぶという悪循環に陥ってしまいます。

　こうした事態を避けるため，中央銀行は「物価の安定を図る」ことを中核的

な目標の１つに掲げています。物価を安定させるためにインフレ率を中期的な目標として定め，中央銀行が行なう政策が**インフレターゲット政策**です。

　ところで，第２次世界大戦後の日本もハイパーインフレを経験しました。1934年から1936年の物価を基準とすると，1949年の物価はおよそ220倍でした。戦争によってモノが極端に不足していたことに加え，終戦処理などで貨幣が大量に発行されたことが原因だと言われています。また，ハイパーインフレは過去の遺物というわけではありません。近年では，南米ベネズエラで年率3000％を超えるハイパーインフレが発生しました。

　インフレとは逆に，物価水準が持続的に下落していく現象を**デフレ**と言います。デフレは景気の悪化と結びついています。景気が悪くなると，人びとが財布のひもを固く締めるため，モノが売れなくなります。すると，需要と供給の関係から，財・サービスの価格は下がります。

　一見すると，価格が下がるのは家計にとって歓迎すべきことのように思えます。しかし，財サービスを供給する企業は利潤が圧迫されるので，生産を縮小したり，場合によっては倒産したりする事態に陥ります。いずれにせよ必要な職が減るわけですから，失業者の増加につながるでしょう。結局，回りまわって家計にも負の影響が及びます。デフレはデフレを呼ぶため，いったんデフレに陥ると，そこから脱出するのはなかなか難しいのです。このようなデフレの悪循環を**デフレスパイラル**と言います。

　デフレの時期には，債務者（お金を借りている人）の負担が重くなるという特徴があります。例えば，今年借りた10万円を来年返す場合，金利を無視しても，実質的な返済額が上がっています。同じ10万円でも，今年より来年の方がより多くの財サービスを購入できるからです。

　ただし，デフレの恩恵をうける人びともいます。インフレとは反対に，デフレでは通貨の購買力が上がるため，預貯金などの金融資産の価値が高まります。また，先ほどの債務者の話を逆の立場から見れば，債権者（お金を貸している人）にとってはデフレが得になると分かります。

　10.4節までにGDPデフレーターと消費者物価指数という２つの物価指数を

詳しく説明しました。この物価指数が前年と比べて何パーセント上昇したのか，その上昇率をインフレ率と言います。図10.1で用いたのと同じ年次データを使ってインフレ率をグラフに示したのが図10.2です。

図10.2 インフレ率の推移

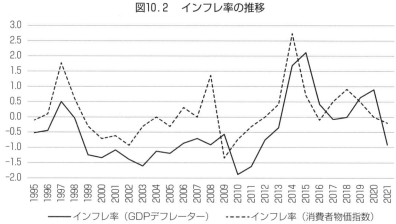

出所：総務省統計局，内閣府

　図10.2を見ると，1995年以降の日本はずっととは言わないまでも，デフレの傾向にあることが確認できます。GDPデフレーターによると，インフレ率は1998年から2013年までマイナスの値です。つまり，この間は物価が継続的に下落しており，日本はデフレの状態だったと言えます。消費者物価指数でも，1999年から2004年までの5年間と，2009年から2012年までの3年間はデフレだったことが確認できます。ただし，どちらの指標によってもインフレ率がプラスとなる期間が確認できる点にも注意が必要です。

練習問題

問題1　下の表は最終財である財1と財2の生産データを示している。この生産データを用いて以下の問いに答えなさい。

		X_1年	X_2年
財1	価格	100	100
	数量	10	12
財2	価格	200	180
	数量	5	5

(1)　X_2年を基準年として，各年のGDPデフレーターを計算しなさい。ただし，表中の数値は国内における生産実績であるとする。

(2)　X_2年を基準年として，各年の消費者物価指数を計算しなさい。ただし，表中の数値は輸入品もすべて含み，財1と財2はどちらも消費者物価指数の対象であるとする。

問題2　総務省統計局と内閣府のウェブサイトにアクセスし，2001年以降のGDPデフレーターと消費者物価指数の推移を折れ線グラフで表しなさい。

問題3　次の文章を読み，内容が正しければ「○」，誤りであれば「×」と答えなさい。

(1)　様ざまな財・サービスの価格を平均して算出した数値を物価と言う。

(2)　物価指数には単位がない。

(3)　基準年の数量を使って計算する物価指数をパーシェ指数と言い，基準年の価格を使って計算する物価指数をラスパイレス指数と言う。

(4)　GDPデフレーターは国内で生産されたすべての財・サービスを対象とする。

(5)　消費者物価指数は国内および海外で生産されたすべての財・サービスを対象とする。

(6)　基準年が等しければ，GDPデフレーターと消費者物価指数は原理的に一致する。

(7)　GDPデフレーターや消費者物価指数のほかにも物価指数は存在する。

(8)　物価の変動が激しい時期には，インフレとデフレが毎年交互に起こることがある。

(9)　一般的に，好景気にはデフレが起こりやすく，不景気にはインフレが起こりやすい。

(10)　インフレとデフレを比べると，債権者にとって有利なのはインフレである。

第11章

財市場の分析

　本章では，マクロ経済全体の動きが総需要と総供給の相互作用で決まることを説明します。特に，景気の問題を考えるときには，需要側の要因に注目することが重要です。なぜなら需要が需要を呼ぶという波及効果が見られるからです。本章では，マクロ経済の大きさの決まり方と，政府による景気対策のメカニズムについて学びます。

11.1　古典派経済学とケインズ経済学

　GDPが経済の大きさを見るのに重要な指標であることを第8章で学びました。では，GDP，つまり総生産の大きさはどのように決まるのでしょうか。経済学において最も基本的かつ重要な概念は需要と供給ですが，GDPの決まり方もこれらの2つの概念で説明することができます。国内で生産されたすべての財・サービスに対する需要を合わせたものを**総需要**と呼び，すべての供給（生産）を合わせたものを**総供給**（総生産）と呼びます。

　GDPの決まり方については「供給が需要を決める」と「需要が供給を決める」という2つの考え方があります。GDPの決定において需要と供給のどちらを重視するのかには大きな論争があり，学派によって考え方が異なります。

　供給を重視するのは古典派という学派です。古典派経済学はケインズが出てくる前の経済学を指します。市場に自由に任せておけば，価格が上下して需要と供給が自然と一致するという考えが古典派経済学の特徴です。

　19世紀にフランスで活躍した経済学者ジャン＝バティスト・セイは，古典派経済学の考えに基づいて「供給はそれ自身の需要を生む」という**セイの法則**を

提唱しました。セイの法則は，供給を増やせば需要が増えることを意味しています。なぜなら，財やサービスが生産されて供給が増えれば，それらが売れることで工場やお店のオーナー，そして雇用者にお金が入り，その人たちが買い物をするという需要が生まれるからです。

　しかしながら，古典派経済学やセイの法則では現実の経済を説明できない場合があります。それは，生産されたものが必ずしもすべて売れない場合です。その最たるものが不景気です。

　1929年，ニューヨーク株式市場で株価が大暴落したことを機に，世界大恐慌が起こりました。長期間にわたり不景気でものが売れず，多くの工場が閉鎖され，アメリカでは4人に1人が失業するという状態が続きました。セイの法則によれば，供給の分だけ需要が作り出されるはずですが，不況の最中にはそれが当てはまりそうにありません。不況下ではものを作っても売れないのです。

　この大恐慌を目の当たりにしたケインズは，セイの法則とは逆に「需要こそが経済活動の大きさを決めるのではないか」と考え，『雇用・利子および貨幣の一般理論』を書き上げました。ケインズは，不況の原因が供給側にあるのではなく，需要不足が原因であると考えたのです。そして，総需要を増やすことが不況から脱する一手になると考えました。ものが売れないために企業が労働者を雇えず，それによって失業が発生しているなら，政府が公共事業を行なって雇用を作り出せばよいのではないか。政府が需要を作り出せば雇用が生まれ，人びとがお金を手にすることができ，さらに需要が増えるので不景気が解決するとケインズは主張したのです。

　このように，需要こそが経済の大きさを決めるのだというケインズの考えを**有効需要の原理**と言います。有効需要の原理の「需要」がただの需要ではなく「有効需要」である点も大切です。これは，単なる「欲しい，買いたい」という欲望（需要）ではなく，金銭的な支出を伴った需要である「有効需要」が必要だということを意味します。こうして，不況時には政府がお金を出して需要や雇用が生まれるような仕組みを作ればよいとケインズは考えました。つまり，政府が公共投資や減税を行なって需要を作り出し，景気対策をするということ

です。これは，現代の経済政策にも受け継がれていますね。ただし，ケインズの考えは必ずしも完璧ではありません。というのも，現実的に見て，いくら需要があったとしても，それに見合うだけの財・サービスを供給できるとは限らないからです。実際のところ，短期的には，生産能力には上限があるのです。

　このように，古典派経済学とケインズ経済学はどちらも現実を完全には説明できませんが，間違ってもいません。というのも，両者の違いは時間軸の違いにあるからです。

　ケインズ経済学の考えは短期的な経済の状況を見ると当てはまっており，古典派経済学は長期的な経済の流れを見るときに適しています。長期は価格の調整が行なわれるくらいの時間の長さを言い，短期は価格の調整が行なわれないような数か月や数年のタイムスパンを指します。例えば，電車賃が毎日変わることはないですし，アルバイトの時給やお給料が1か月おきに変わるということもないですよね。現実には，財やサービスの価格や賃金（労働力の価格と考えられます）は速やかに変化しないという性質があります。それらが変動しないくらいの短い期間が短期で，価格が動いてもおかしくないような5年や10年といった長い期間が長期だと言えます。

　ここからは，短期の視点を持つケインズ経済学に基づいて説明していきます。前提として，需要が不足している状況で，賃金はすぐには調整されず生産量は雇用量で調整されるような世界を考えます。

11.2　総需要の大きさ

　需要こそが供給を決めるというケインズ経済学の考えに基づくと「GDP，つまり総生産（総供給）は総需要が決める」と言えます。経済全体の需要である総需要は，家計による消費と企業による投資，政府による支出，あとは海外とのやりとりの4つの要素に分けられます。いまは単純化のために海外とのやりとりである純輸出（NX）を無視することにして，消費・投資・政府支出という3つの要素について見ていきましょう。

① 消　費　(C)

　家計が財やサービスにどれだけ支出するかは，その家計の所得によって決まります。所得が増えると消費も増えますよね。このような消費Cと所得Yの関係は**消費関数**で表すことができます。なかでもケインズ型消費関数と呼ばれるものは次のように書くことができます。

$$C = c_0 + c_1 Y$$

　ここで，c_0は**基礎消費**と呼ばれ，たとえ所得がゼロであっても支出される消費額です。生きていくために最低限必要な消費だと考えればよいでしょう。

　つぎに，c_1は**限界消費性向**と呼ばれ，所得が限界的に1円増えた場合に消費がc_1円増えることを表しています。入ってきた所得を超えて使うことはできないため，c_1は1より小さいはずです。また，人びとは増えた所得をすべて消費してしまうことはない，と想定するのはおかしな話ではないでしょう。この場合，c_1は消費に回されますが，残りの$1 - c_1$は貯蓄に回されると考えられます。そのため，$1 - c_1$を**限界貯蓄性向**と言います。限界消費性向には$0 < c_1 < 1$という性質があり，c_1の値が実際にいくらなのかを調べるために多くの研究が行なわれています。

　例として$c_1 = 0.8$だとしましょう。今年お年玉で10万円もらった場合，8万円（＝10万円×0.8）消費を増やし，残りの2万円は貯蓄に回します。同じく所得が100万円増えたとすると，100万円×0.8＝80万円は使いますが，20万円は貯蓄されます。また，所得に占める消費の割合を**平均消費性向**と呼びます。例えば，$c_0 = 10$万円のとき，所得100万円，消費は90万円なので平均消費性向は90万円÷100万円＝0.9です。

　では，消費関数を図で表してみましょう。図11.1では，横軸に所得（Y），縦軸に消費（C）が取られています。所得（Y）が増えるほど消費（C）も増えるので，消費関数は右上がりに描けます。縦軸の切片は，所得（Y）がゼロの場合の消費，すなわち基礎消費c_0の大きさを表しています。傾きはc_1で，これは限界消費性向の値ですね。c_1は0より大きいが1よりも小さいことから，

傾きは1未満，つまり消費関数は45度よりも緩やかに描けるはずです。

図11.1　消費関数

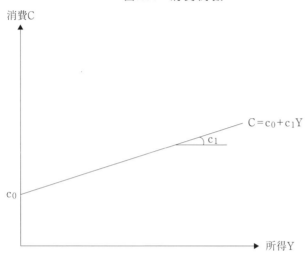

②　投　資　(I)

　投資 (I) は企業による設備投資と在庫投資，そして家計による住宅投資を含みます。「投資」は株式投資などの金融資産の売買でよく聞く言葉ですが，マクロ経済学では将来の生産のための機械の購入や工場の新設を指します。通常，機械や工場は高額ですので，お金がたくさん必要です。企業は常にそれを手元にあるお金で購入できるとは限らず，金融機関からお金を借りることが多くあります。

　企業はどのような場合に投資を行なうのでしょうか。金融機関からお金を借りた場合は利子を支払わなければなりません。そのため，投資による利益が大きく，お金を借りてまで投資した方が儲かりそうだと判断した場合に初めて企業は投資を行ないます。利子率が低いほど資金を安く調達できるので，投資を多く行なうでしょう。つまり，企業の投資需要（どれだけ投資を行ないたいか，どれだけ新しい機械を購入したいか）は利子率の減少関数になっています。企

業の投資はこの利子率などに左右されますが，ここでは深く掘り下げないことにします。いまは単純に，投資（I）は所得（Y）とは関係なく，常に一定であると仮定しましょう。

③　政府支出(G)

3つめの需要は政府による**政府支出**（G）です。いまは単純化のために，政府支出（G）は，所得（Y）とは関係なく，ある一定の値を政府が決めると仮定します。

さて，この①〜③を使って総需要を表してみましょう。総需要（AD）は家計・企業・政府による支出の合計ですから，数式では

$$AD = C + I + G$$

と書くことができます。さらに，Cに消費関数$C = c_0 + c_1 Y$を代入すると，

$$AD = (c_0 + c_1 Y) + I + G$$

と書き直すことができます。

総需要をグラフで描いてみます（図11.2）。まず，横軸に所得（Y），縦軸

図11.2　総需要曲線

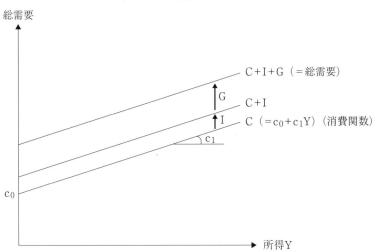

に総需要（AD）を取ります。消費$C = c_0 + c_1 Y$の部分がYの関数になっている点に注目しましょう。総需要曲線は傾きがc_1，Y切片が$c_0 + I + G$の直線として描けます。総需要曲線の傾きは消費関数の傾きのままですので，45度よりも緩やかな直線になります。もし，基礎消費（c_0）や投資（I）や政府支出（G）が大きくなると総需要曲線は傾きを変えずに上へ並行移動し，小さくなると下へ並行移動します。例えば，政府が政府支出（G）を増やしたり，企業が投資（I）を増やすと，その分だけ総需要曲線は上にシフトするように描くことができます。

11.3　総供給の大きさ（45度線）

先ほどの図11.2と同じように，横軸に所得Y，縦軸に総供給をとってみると，次の図11.3のように総供給曲線を描くことができます。

図11.3　総供給曲線（45度線）

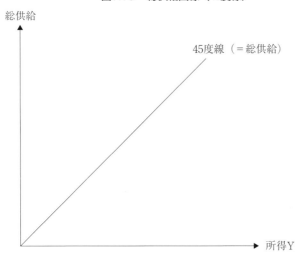

第9章で見たように，生産された財やサービスは，賃金や地代，利子などの形ですべて所得として分配されるので，総生産と総所得は等しくなります。つ

まり，縦軸と横軸が常に等しい値を取るので，総供給曲線は原点を通る傾き1の直線として描けます。

11.4　45度線分析：生産・所得・需要の大きさの決定

図11.2と図11.3を1つの図にまとめてみましょう。

図11.4　45度線分析

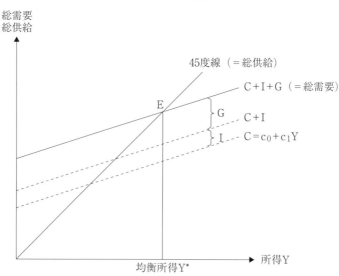

先ほどと同じく，横軸に所得Y，縦軸に総需要と総供給をとり，45度線で表された総供給曲線と傾きが1（45度）より緩やかな総需要曲線を描きます。この図11.4の中で，総需要と総供給が等しくなるのはどこでしょうか。経済全体の総需要と総供給が一致しているのは，総需要を表すC＋I＋Gの線と総供給を表す45度線の交点Eです。この交点を均衡点と言います。また，均衡点における所得Y*を**均衡所得**と言います。ちなみに，均衡点では総生産（GDP）と総所得も等しくなりますので，均衡所得を**均衡GDP**とも言います。

このように，経済全体の大きさ，言いかえると生産量および所得は需要の大

図11.5　何らかのショックによる均衡点の移動

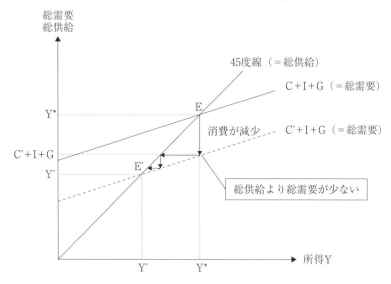

きさによって決まります。さて，経済に何らかのショックが起こり，消費がCからC'に減少したとします。このとき，総需要は図11.5のC'＋I＋Gで表されます。元々の均衡点Eから下向きの矢印の方へ下がり，そこでは総需要C'＋I＋Gが総供給Y*よりも少なくなっていることがわかります。つまり財を生産しても売れ残りが生じている状態です。このとき，企業は雇用を減らすことで財の生産を減らし，左向きの矢印のように所得も低下します。さらにこのプロセスが続き，この国の経済の新しい均衡はE'となり，生産はY'，所得もY'になります。こうして需要が減少すると生産量が減り，所得も減ることが図で確認できました。

11.5　需要不足と潜在（完全雇用）GDPの達成

　総供給は国全体で一定期間（通常，１年間や一四半期）に生産されたすべての財・サービスの付加価値を足し合わせたものです。その国が持っている労働

力や資本が最大限に利用されて生産が行なわれた場合に総供給が最大になります。そして，総供給が最大である場合のGDPを**潜在GDP**と言います。潜在GDPを達成するときには労働力が最大限に利用されているため，潜在GDPは**完全雇用GDP**とも呼ばれます。しかし，ケインズ経済学で考えられている総供給の量は総需要によって決まるため，必ずしも潜在GDP（あるいは完全雇用GDP）が達成されるとは限りません。

　古典派経済学では，需要と供給が等しくなるように価格が調整されるのでした。労働力の需要が供給よりも多ければ労働力の価格である賃金は上がるし，逆に労働力の供給が需要よりも多いために失業が発生している状況だと賃金が下がります。失業が発生していれば，賃金は自然と下がり，それにより企業は多くの労働者を雇い，失業は解消されるのでした。そのため，古典派経済学が想定する失業とは「安い給料では働きたくない」と考える労働者が自ら失業の状態を選んでいる**自発的失業**という状態です。

　しかし，ケインズ経済学の世界では，価格（あるいは賃金）はすぐには調整

図11.6　ケインズ経済学の労働市場

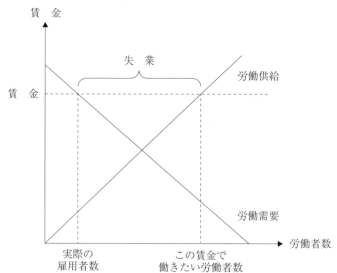

できない短期的な状況を想定しています。そのため，財市場においては需給が一致していても，労働市場においては失業が大量に発生している状況が生まれます（図11.6）。このとき，失業が発生しても賃金は下落せず，失業も解消しません。需要がなければ企業はものを作っても売れませんから，残業時間を減らしたり，新規雇用を見送ったりするなど雇用量を調整することで，生産量を減らします。このような状況ですから，働きたくても働けない**非自発的失業者**が生まれるのです。

　では，非自発的失業を解消するにはどうしたらよいでしょうか。ケインズはその仕組みを政府が作る必要があると考えました。

　図11.7で，非自発的失業が存在しない完全雇用水準の所得をY**とします。Y**を達成するためにはどうしたらよいでしょうか。ケインズ経済学は総供給が総需要によって決まると考えるため，総供給曲線が動くことはありません。動くことができるのは総需要曲線のみです。では，総需要曲線はどういったときに動くのでしょうか。総需要がC＋I＋Gで，均衡点がE*のとき，どうすれ

図11.7　均衡所得と完全雇用GDP

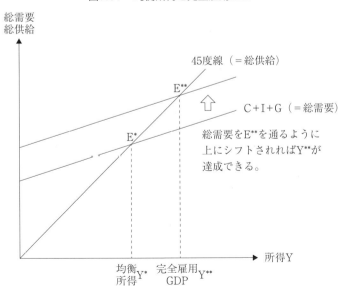

ば所得も生産量も需要も増えるような均衡点E**に移れるでしょうか。1つの方法として，消費（C）や投資（I），そして政府支出（G）を増やせば総需要曲線を上に動かすことが可能です。これが次の11.6節で説明する財政政策の働きです。

11.6　財　政　政　策

　政府は財政政策を用いて，需要曲線を上にシフトさせることができます。**財政政策**には，公共投資によって政府支出を増やす方法と，減税によって消費や投資を増やす方法の2つがあります。政府支出Gを増加させると，総需要曲線は上にシフトします。45度線と総需要曲線の交点がE**になるよう政府支出（G）を増やせば，完全雇用均衡E**が達成さるというわけです。また減税を行なうと，家計は収入から税金などを引いた残りの手取り収入で，自由に使うことのできる**可処分所得**が増え，消費が増えることが予想（期待）されます。企業も減税が行なわれると，その分のお金が手元に残りますから，投資を増やすことができます。減税によって消費（C）や投資（I）を増やすことができれば，総需要曲線はやはり上にシフトするので，完全雇用均衡E**を達成することができます。これらはすべて，経済の総生産・総所得・総需要の水準が45度線に沿って上の方に動き，経済が大きくなっている様子を表しています。

　ケインズが現れる前まで，政府は「均衡財政政策」という経済政策をとっていて，政府支出のすべてが税で賄われていました。しかし世界大恐慌が起こり，ケインズが唱える政府支出によって需要を拡大しようにも政府にはお金が足りません。そこで，政府は**赤字国債**を発行するという方法をとりました。つまり借金です。国債を発行すれば，政府は税収以上の政府支出を行なうことができます。政府が公共事業をたくさん行なえば，景気が回復し，税収も増え，政府は借金を返すことができます。このようにケインズは考えたのです。

　1933年，不況下でアメリカのルーズベルト大統領はこの考えを世界で初めて実践しました。これが**ニューディール政策**です。ルーズベルト大統領は森林の

開発やダム，農地の拡大など，大型の公共事業を次々と行ない，失業率を下げ，景気を回復させました。ケインズ以前の古典派経済学では，市場に自由に任せておくと自ずから価格調整が起こり，望ましい資源配分が達成されると考えられてきました。そのため政府の役割は国防や警察といった最低限のものに限られていました。しかしながら，ケインズ経済学以降，特に不況時には財政政策や金融政策といった政府の介入が重要であると認識されています。今でこそ，不況時に政府が経済に介入することは世界中で当然のように行なわれている経済政策ですが，ケインズあってのことだったのですね。

　不況のときに政府支出を増やすのか，減税するのか，という点についてはその時々の状況によって政治的に決定されます。私たちが知っておかなければならないのは，経済の状況に応じて，不況の原因を取り除くことは難しいかも知れないが，その対処法としてこういった選択肢があるということでしょう。

11.7　乗 数 理 論

　財政政策による経済効果はどれくらいの大きさなのでしょうか。一国の経済をマクロ的（巨視的）に見ると，財政政策の効果は次々と連鎖し，経済効果は経済全体に波及していきます。

　例えば，失業者が大勢いる不況のときに，政府が公共事業を行なうことに決め，100億円で新しい空港を作るよう建設会社に発注するとします。このビッグプロジェクトを請け負った建設会社は，新たに人を雇ったり，社員にボーナスを支払ったりできます。また，建設会社は空港を作るためにコンクリートや砂利などの材料を資材メーカーに発注したり，トラクターや工事用機械を機材メーカーに発注します。発注を受けた資材メーカーや機材メーカーは，増えた売上で従業員たちにお給料をたくさん支払ったり，人手が足りなければ新たに従業員を雇ったりできるでしょう。それぞれの従業員たちはお給料が増えたことでレストランに行って食事をしたり，新しい家電を買うかもしれません。その結果，レストランや家電メーカーも儲かり，その従業員たちがさらに買い物

をして……と連鎖していきます。

　さらに言えば，儲かっている企業は税金をたくさん納めますし，所得が増え
た人たちもその分だけ多くの税金を納めます。こうして，政府が行なう公共事
業は建設業者だけでなく他の産業にも影響を及ぼし，その経済効果が拡大して
いきます。この効果を**乗数効果**と言います。では，どれくらいの乗数効果があ
るのでしょうか。

　先に結論を言うと，乗数効果の大きさは限界消費性向によって決まります。
例えば，経済全体の限界消費性向が$c_1 = 0.8$として，100億円の政府支出によっ
て建設業者が空港を作るとします。建設業者は新たに増えた100億円の売り上
げから，従業員を新たに雇ったりボーナスを支払ったりします。増えた売上
（100億円）がそのまま従業員に支払われるとすると，従業員は増えた所得（100
億円）により，新しく自動車を購入したり旅行に行ったりするかもしれません
（増えた所得100億円のうち限界消費性向の0.8の割合，つまり80億円が新たに
消費に回ります）。今度は，これにより自動車メーカーや旅行会社の売上が増
え，自動車メーカーや旅行会社は従業員のボーナスを80億円分増やします。増
えた所得でそれらの会社の従業員たちは新しいテレビを購入したり，外食をし
たりします（増えた所得80億円のうち限界消費性向の0.8の割合，つまり64億
円が新たに消費に回ります）。というふうにどんどん消費が増えていきます。

　このように，まずは誰かにAだけの所得が増加すると，それにより消費は
$c_1 A$増加します。そして，他の産業の人の所得が$c_1 A$分だけ増え，今度はc_1
$\times c_1 A = c_1{}^2 A$の消費が増えます。このようにどんどん消費が増えていく効
果を足し合わせると，

$$A + c_1 A + c_1{}^2 A + c_1{}^3 A + c_1{}^4 A + \cdots\cdots$$

$$= A(1 + c_1 + c_1{}^2 + c_1{}^3 + c_1{}^4 \cdots\cdots) = \frac{A}{1 - c_1}$$

となります。2番目の等号は，高校数学に出てきた「初項A，公比c_1の無限
等比級数の和」の公式を利用しています。上式の$1 / (1 - c_1)$の部分を**政府
支出乗数**と呼びます。今の例ではAが100億円，c_1が0.8だったので，政府支

出乗数は $1/(1-0.8)=1/0.2=5$ で，消費の合計は500億円（＝100億円 ×5）です。つまり，当初の100億円の政府支出の増加がその乗数倍である5倍の需要増（ここでは500億円分）の効果をもたらすことになります。これが政府支出の効果です。

　では，この政府支出乗数 $1/(1-c_1)$ の特徴を見てみましょう。限界消費性向 c_1 が大きいほど乗数の分母 $(1-c_1)$ は小さくなり，乗数 $1/(1-c_1)$ が大きくなります。c_1 が大きいということは，所得が増えたときにそのうちの多くを消費に回すことを意味するため，経済全体の需要の増分もそれだけ大きくなるのです。

　この乗数メカニズムのおかげで，経済のどこかで需要が増えれば，その周りに需要がどんどん派生していき，経済全体で需要が何倍にも大きくなるのです。逆に，所得が増えても皆が貯蓄して使わなければ（つまり，限界消費性向 c_1 が小さければ），需要の効果は小さくなってしまいます。景気対策として政府から給付金が配られた際に，それが貯蓄と消費のどちらに回っているかで給付金の効果は大きく変わってくることを意味しています。

11.8　所得水準の決定の数値例

　数値例を用いて均衡の所得水準（均衡GDP）を計算してみましょう。この経済全体の消費関数を

$$C = 100兆円 + 0.8Y$$

としましょう。基礎消費は100兆円，限界消費性向は0.8です。

　投資 $I=10$ 兆円，政府支出 $G=20$ 兆円とすると，財市場で需要と供給が一致する均衡所得は

$$Y = C + I + G$$
$$= 100兆円 + 0.8Y + 10兆円 + 20兆円$$

です。左辺の $0.8Y$ を左辺に持っていくと，

$$0.2Y = 130兆円$$

となり，

$$Y = 650兆円$$

と計算できます。

さて，政府支出を10兆円増やした場合，均衡所得はいくら増加するでしょうか。再び，財市場で需給が一致する均衡を求めると，

$$Y = C + I + G$$
$$= 100兆円 + 0.8Y + 10兆円 + (20兆円 + 10兆円)$$

より，

$$0.2Y = 140兆円$$

で，両辺を5倍すれば

$$Y = 700兆円$$

と計算できます。財政政策により政府支出を10兆円増やしたことで，均衡所得は700兆円 − 650兆円 = 50兆円も増加しました。これこそが11.7節で説明した乗数効果です。

消費関数の限界消費性向 $c_1 = 0.8$ から政府支出乗数を求めると，

$$政府支出乗数 = \frac{1}{1 - c_1} = \frac{1}{1 - 0.8} = \frac{1}{0.2} = 5$$

です。つまり，政府支出を1増加させるとその5倍も均衡所得が増えることを意味します。政府支出が10兆円増加することで，均衡所得が50兆円増えたことから，乗数効果が5（= 50兆円 ÷ 10兆円）であることが確認できました。

問題1　下記の空欄に適切な語句を入れなさい。

　ケインズによるマクロ経済学ができるまでの経済学（（1）と呼ばれる）では，失業は発生しないか，（2）のみ発生すると考えられていた。それは，失業が発生すると，労働市場の需要と供給が一致するように賃金が（3），企業は労働者を（4）と考えるからだ。経済学者セイはセイの法則で「（5）」と言った。

　しかし，現実には，（6）年に始まった世界大恐慌のように失業が多く発生し，不況に陥ることもある。そのため，ケインズはGDPや雇用といった経済の大きさを決めるのは（7）であると考え，「（7）の原理」を打ち出した。

問題2　ある年のA国において，消費額は5.5億円，投資額は1億円，政府支出は2億円であった。いま，海外とのやりとりは考えないとする。この年のA国の総需要はいくらか。

問題3　次のようなマクロ経済モデルを考える。

$$消費関数　C = 160 + 0.4Y$$
$$投資　　　I = 120$$
$$政府支出　G = 80$$

　Cは消費額，YはGDP，Iは投資額，Gは政府支出額を表している。
(1)　この経済を均衡させるような均衡所得水準 Y^* はどのように決まるか。
(2)　(1)で求めたマクロ経済の均衡の様子をグラフに表しなさい。
(3)　均衡所得が Y^* のときの消費（C）はいくらか。
(4)　限界消費性向はいくらか。
(5)　限界貯蓄性向はいくらか。
(6)　政府支出（G）を1増やしたとき，均衡所得はいくら増加するか。
(7)　政府支出乗数はいくらか。

問題4　以下の記述について，正しいものには○を間違っているものには×を答えなさい。
(1)　財市場の需要と供給が一致していれば労働市場の需要と供給も一致している。
(2)　限界消費性向が大きい国ほど，政府支出を増加させたときの財政政策の効果は大きくなる。
(3)　限界貯蓄性向が小さい国ほど，政府支出を増加させたときの財政政策の効果は大きくなる。

問題5　以下の記述について，正しいものには○を間違っているものは×を答えなさい。

(1) 45度線分析では，財市場は均衡していても，失業が発生することがあることを示している。

(2) 総供給曲線は右下がりの45度線で表すことができる。

(3) ケインズ経済学の考える短期の状況では，総供給こそが有効需要を決める。

(4) 投資と政府支出が一定であるとき，総需要曲線の傾きは平均消費性向で表される。

第12章

経 済 成 長

　本章では長期の経済について見ていきます。「短期」においては需要を増やすことで，GDPを増加させることができました。「長期」においては，財・サービスの生産能力である供給側の要因が1人当たり実質GDP，つまり豊かさを決定すると考えられています。本章では，この要因は具体的に何なのか，どうすれば豊かになれるのかについて学んでいきます。最後に，近代化する前から現代に至るまでの経済成長の歴史を見ていきます。

12.1　短期的，長期的な視点から見た経済

　まず図12.1を見てください。この図は世界各国の1人当たり実質GDPについて，1950年から1年ごとの推移を表したグラフです。どの国も全体的にゆるやかに伸びているように思えますが，ところどころでギザギザになっていますね。特に2008年と2009年は世界金融危機の影響で多くの国の景気が後退しました。先進国にその影響が大きく現れていることが分かるでしょう。この「ギザギザ」が短期的な視点から見た1人当たり実質GDPの変化です。第11章で説明したとおり，この変動は，失業やショック，財政政策で説明することができます。

　次に図12.2を見てください。これは図12.1と同じ国について1人当たり実質GDPを長期的な視点から見たものです。1820年から10年単位で各国の1人当たり実質GDPがどう推移したかをグラフに表しています。国によって1人当たり実質GDPが大きく違い，その差は近年拡大していることが見て取れます。例えば，1850年において，アメリカの1人当たり実質GDPはインドの約

図12.1　1950年から2019年の世界各国の１人当たり実質GDPの推移（単位：USドル）

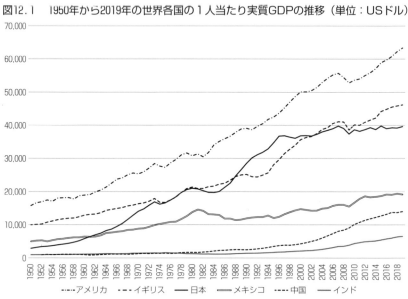

出所：Penn World Table 10.0

3.8倍です。2018年にはその差がさらに広がり，約8.1倍となっています。一方，日本とアメリカを比べてみると，1820年のアメリカの１人当たり実質GDPは日本の約2.5倍ですが，2018年には約1.4倍と少し差が縮まっています。

　このように，国や時代によって１人当たり実質GDPが異なる要因は何でしょうか。失業でしょうか。何かしらのショックでしょうか。もし，失業が要因であるとしたら，1820年から2018年にかけてアメリカでは失業率が改善し続けているはずでしょうし，図12.1と図12.2の国の中ではアメリカの失業率が１番低いはずです。ところが，国際労働機関によると，2018年の完全失業率はアメリカで3.9％，日本で2.4％，インドで5.4％となっており，アメリカの失業率がとりわけ低いわけではありません。つまり，失業はこの差を説明することができません。

　では，何かしらのショックが原因でしょうか。2007年に生じたサブプライム住宅ローン問題に端を発した世界金融危機は「100年に１度」のショックだと

図12.2　1820年から2018年の世界各国の1人当たり実質GDPの10年ごとの推移（単位：USドル）

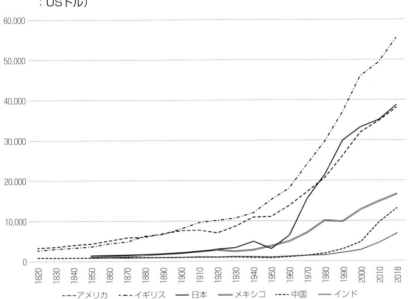

出所：Maddison Project Database, version 2020. Bolt, Jutta and Jan Luiten van Zanden (2020), "Maddison style estimates of the evolution of the world economy. A new 2020 update" 以下，Maddison Project Database, 2020と略記。

言われています。しかし，50年前や100年前と比べても，ショックのあった2018年の1人当たり実質GDPの方がはるかに大きく，豊かな生活水準が実現できています。つまり，こうした外生的なショックによっても1人当たり実質GDPの長期的な変化は説明できません。

　実は，1人当たり実質GDPの長期的な変化は生産性で説明できます。**生産性**とは，労働者が1時間働くことにより生み出される財・サービスの価値のことです。国や時代によって豊かさ，つまり1人当たり実質GDPが異なるのは生産性が異なるからなのです。

12.2　生産性を決定する要因

　それでは生産性の違いはどこから来ているのでしょうか。第8章と第9章で用いたおにぎりを生産する経済を例に考えてみましょう。この経済では，労働者1人が1時間で生産できるおにぎりの価値が生産性です。おにぎりの生産性を高めるには，レシピを増やして「高級おにぎり」をメニューに加え（技術の向上），レシピどおりにおにぎりを握れるようなおにぎり製造機を導入し（物的資本の増加），その製造機を扱えるように従業員をトレーニングすればよいでしょう（人的資本の増加）。以下では，人的資本・物的資本・技術という，生産性を高めるための3つの要因について詳しく説明していきます。

①　人 的 資 本

　人的資本とは，労働者の「質」を指します。字を読める人は字を読めない人よりも人的資本が大きく，パソコンを使える人の方が使えない人よりも人的資本が大きいです。おにぎり生産の例では，おにぎり製造機を安全に操作する能力が人的資本にあたります。また，手作業でおにぎりを作る場合は，レシピを読む能力がそれにあたるでしょう。

　活躍する人的資本の種類は産業によって異なります。例えば，農家にとっては足腰の強さや体力が重要な人的資本です。あるいはYouTuberではどうでしょう。YouTuberにとっては，演者としての才能や動画の編集能力が人的資本にあたるでしょう。編集を外注している場合は，外注先とのコミュニケーション能力も重要な人的資本です。また，グループ系YouTuberにとって欠かせない人的資本は，チームをまとめるためのリーダーシップやチーム内でのコミュニケーション能力でしょう。人的資本が大きければ，難しい作業を短時間でこなせたり，より価値の高い財・サービスを生み出したりすることができ，生産性は高くなります。

② 物 的 資 本

　物的資本とは財・サービスを生産する際に使用する設備や建造物のことです。単に資本と表現することもあります。おにぎり生産の例では，おにぎり製造工場やおにぎり製造機などが物的資本にあたります。手作業でおにぎりを作る場合はテーブルやラップが物的資本です。

　人的資本と同じく，活躍する物的資本の種類は産業によって異なります。農家の場合は農薬や水を撒くときに使うスプリンクラーや畑を耕すときに使うトラクターなどが物的資本です。機械だけではなく手袋や収穫物を保存するコンテナも物的資本にあたります。YouTuberにとっては，パソコン，マイク，ビデオカメラ，スマホなどが物的資本です。物的資本がたくさんあれば，設備や機械をたくさん使うことができ，より多くの財を生産できます。注意が必要なのは，物的資本は過去に「生産された」ものであるということです。石油，森林，魚などのように自然によって提供されるものは物的資本ではなく天然資源と呼ばれます。

③ 技　　　術

　技術とは財・サービスを生産するための手順やノウハウのことです。おにぎり生産の例では，おにぎり製造機の性能（いい設計図が手に入るか）やおにぎりの味（いいレシピが手に入るか）が技術にあたります。また，どこまで手作業でやってどこから機械に任せるかなどの工場の運営も技術です。農家にとっては新品種の作物やトラクターの性能が技術に相当します。YouTuberにとっては，カメラやパソコンの性能が技術です。また，動画にテロップをつけて見やすくする，というアイデアも技術です。

　「え？　トラクターやパソコンの性能が技術なんだったら，技術と物的資本って同じじゃないの？」と思った人がいるでしょう。実はこの2つには明確な違いがあります。物的資本はどれだけ資本を保有しているかの「量」で測られます。例えばパソコンの場合はパソコンの保有量で測ります。それに対して

パソコンの性能（技術）は，１台のパソコンが生み出すことのできる付加価値，つまり「質」で測られます。昔のパソコンは文書の編集や簡単な計算ができる程度でした。しかし，今のパソコンは，昔のパソコンができていたことをより高速で処理できるようになり，さらに動画編集や情報の送信等，昔のパソコンではできなかったこともできるようになりました。このことから，昔のパソコンと比べて今のパソコンが生み出せる付加価値は大きくなったと言えます。これは物的資本が増えたからではなく技術が上がったためなのです。

　ここで①〜③の要因が生産とどう関連しているかを整理しておきます。企業は，労働と物的資本を投入し，技術を使って生産をします。労働の質が人的資本です。人的資本が大きいということは，最先端の技術にアクセスする能力があるということです。つまり，人的資本が大きければ，性能の高い物的資本をうまく使ったり，組織が効率的に機能するように運営したりすることができます。

　もっとも，人的資本を最大限に活用するためには，それだけの技術や物的資本が備わっていないといけません。おにぎりを手作業で握る技術しかない経済においては，大卒の人がおにぎりを握っても高卒の人がおにぎりを握っても出来上がりには大差がないと考えられます。これでは人的資本が最大限に活用されていると言えません。このように，①〜③の要因は深く関係しており，何か１つの要因だけが豊富にあったとしても，それを活かしきることができないのです。

　ここからは，生産性を上げるのに必要な①〜③の要因を大きくする方法について順に見ていきます。

12.3　生産性を上げる方法①：人的資本を増やす

　経済学では人的資本を増やすことを「人的資本を蓄積する」と表現します。人的資本は教育により蓄積することができます。図12.3を見てください。大卒の給料の方が高卒の給料よりも高いのは，大卒の人の方が人的資本が大きく

て生産性が高いと考えられているからです（図12.3）。

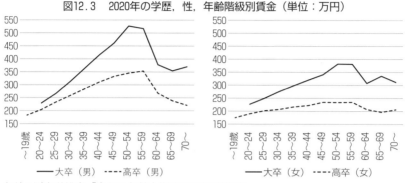

図12.3　2020年の学歴，性，年齢階級別賃金（単位：万円）

出所：厚生労働省『令和2年賃金構造基本統計調査』

　また，教育だけではなく，訓練や経験を通じても人的資本を蓄積することができます。コンビニやスーパーマーケットのレジで「研修中」の名札をつけている店員さんよりも，ベテランの店員さんの方が会計を速く処理できます。ベテランの店員さんの方がより多くのお客さんの会計を処理することができるので，生産性が高いと言えるのです。

　では，豊かさを永続的に高めるために，人的資本を蓄積し続けることは可能でしょうか。答えは「いいえ」です。なぜなら，人的資本の蓄積には機会費用が生じるからです。機会費用とは，あるものを得るために犠牲にしたものの価値のことです（詳しくは第2章で解説しています）。高校卒業後に大学へ進学するか就職するかのトレードオフに直面している高校生にとって，高卒で就職していたら得られていたであろう4年分の所得が進学の機会費用です。同じように，大学院に進学することの機会費用は大卒で就職していたら得られていたであろう2年分の所得です。合理的な人は，機会費用を上回るだけの便益がある場合に教育年数を延長するという決定をします。教育年数を伸ばすと人的資本が蓄積されるため将来の年収は増えますが，ある程度の教育量を達成すると教育年数の延長による人的資本蓄積への貢献度が小さくなっていきます。このような理由から，人びとは人生の大半を教育に費やして人的資本を高めるよう

な選択はしないのです。

12.4　生産性を上げる方法②：物的資本を増やす

　ある期間に新しく購入した生産設備や機械の量を投資と言います。これは第8章で学んだ「設備投資」と同じです。つまり，投資によって物的資本を増やすことができます。一定期間における物的資本の増加量である投資はフロー変数です。それに対し，物的資本は，ある時点における物的資本の総量を指すストック変数です。物的資本は過去の投資の積み重ねであり，投資をすることでさらに増やすことができます。「投資によって生産性を上げることができるのであれば，手に入る資源を丸ごと投資し続ければ生活水準を永続的に向上させることができるのでは？」と思うかもしれませんが，そう簡単にはいきません。ここではその理由を紹介します。

　まず，投資をするためには現在の消費を犠牲にする必要があることです。これを理解するために，支出面から見たGDPの構成要素を思い出してみましょう。いま，海外との取引がなく，政府も存在しない経済を考えると，財市場の均衡は生産（Y），消費（C），投資（I）を使って以下のように表すことができました。

$$Y = C + I$$

右辺の消費（C）を左辺に移行すると，

$$Y - C = I$$

と表すことができます。三面等価の原則から，Yは所得でもありました。所得は消費か貯蓄のどちらかに使われるので，左辺の（Y－C）は貯蓄を表していることになります。つまり，この式は経済全体で「貯蓄＝投資」が成り立つことを表しているのです。左辺をよく見ると分かるように，貯蓄（Y－C）を増やすためには消費（C）を犠牲にする必要があります。しかし，家計が現在の消費を減らしすぎると，そもそも現在において豊かな暮らしができなくなってしまいます。

　さらに，資本の限界生産力が逓減するため，投資による生活水準の上昇には限界があります。**資本の限界生産力**とは，資本を追加的に1単位投入したことによって増加する生産量のことを指します。このことを考慮すると，技術や雇用量など他の条件を一定としたときの資本と生産量の関係は図12.4のようになります。

図12.4　資本ストックと生産量の関係

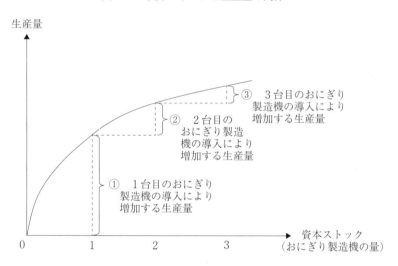

　図12.4の資本ストックと生産量の関係をおにぎり生産の例で説明します。おにぎり工場に労働者が1人いるとしましょう。資本が全くない状態から，おにぎり製造機を1台導入すると生産量が劇的に増加します（図の①）。2台目の機械を導入すると生産量は1台目のときと同じだけ増加するでしょうか。いいえ，そんなことはありません。労働者が1人のままだと，その人が機械を2台とも管理しないといけないので1台目を導入したときほど生産量は増加しないのです（図の②）。3台目になると機械の管理がもっと大変になって，3台目の機械による生産への貢献分は2台目よりもさらに小さくなります（図の③）。このように，資本が蓄積すればするほど追加的な投資による生産への貢献分が小さくなるので，投資を続けたからといって生産性を同じだけ上げ続け

ることはできないのです。

　以上のことを踏まえると，資本ストックが小さく，そのため所得も低い経済においては投資による経済成長が容易である一方，資本が十分に蓄積し，所得も高い経済においては投資による経済成長は難しいことが分かります。資本ストックの小さい貧しい国には，生産性を上昇させる「伸び代」がたくさんあるためです。このように，スタート時点での条件が成長率に影響を及ぼすことを**キャッチアップ効果**と呼びます。世界銀行によると，1人当たり実質GDP成長率は先進国で2%前後なのですが，新興国と言われる国では5%を超えます。2019年の1人当たり実質GDPの成長率は，日本で0.5%，アメリカで1.7%，イギリスで1.1%であるのに対して，ベトナムでは6%，中国では5.6%，バングラデシュでは7%にも達します。

　ここまでの説明で分かったことは，物的資本や人的資本を蓄積すれば生産性を上げることができるものの，蓄積による生産性への貢献には限界があるということです。では，物的資本も人的資本も豊富な経済では，もはや生産性を上昇させることはできないのでしょうか。実は，そのような経済では技術が重要な役割を果たします。

12.5　生産性を上げる方法③：技術を高める

　多くの先進国が今現在でも豊かになり続けることができているのは技術水準が上昇しているためです。技術を高めるためには，新しい商品や高品質な製品を生み出す方法を見つけたり，生産体制を整えたりすることが重要です。

　まず，**研究開発（R&D）**によって新しい商品や高品質な製品を生み出す方法が見つかります。例えば，企業は，おにぎりをふっくらさせる方法を開発したり，スマホの新しい機能を開発したりします。製品開発や既存の製品の改良のみならず，財・サービスの生産に直接関係のない学術的な研究も研究開発に含まれます。研究開発は企業や大学，政府機関など様々なところで行なわれており，2021年，日本においては約68.2万人が研究者として研究開発に従事し

ています。これはアメリカ，中国に次ぐ世界で3番目の多さとなっています。

　図12.5は主要国における研究開発費総額の推移です。どの国も全体的に研究開発費が増加傾向にあることが分かります。日本では1981年に約6.2兆円であった研究開発費が2019年には約19.5兆円と3倍以上に増加しています。研究開発は持続的な経済成長にとって必要不可欠な要素であるため，多くの国で積極的に行なわれているのです。

図12.5　主要国における研究開発費総額の推移（実質額（2015年基準；OECD購買力平価換算））（単位：兆円）

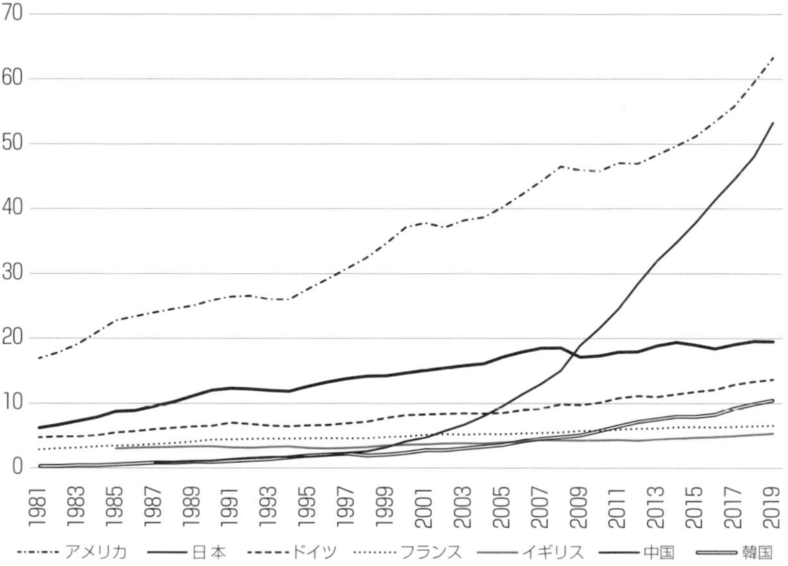

出所：文部科学省　科学技術・学術政策研究所，科学技術指標2021，調査資料－311，2021年8月

　次に，生産体制を整える方法について見ていきましょう。ここでは2つの方法を紹介しますが，どちらも制度や組織をうまく機能させることが鍵となります。

　1つ目は特許制度を整備することです。研究開発の成果である技術は，誰でも利用できるという性質があります。例えば，Sストアがツナマヨおにぎりを

開発し大ヒットしたとしましょう。おにぎりを実際に購入して食べてみることで誰でも簡単によく似た商品を作ることができます。大ヒット商品を売って儲けたいと思った他の企業も同じような商品を売り始めることでしょう。

　ツナマヨおにぎりとは違い，医薬品やスマホをコピーして売り出すのは簡単ではありません。技術的に難しいからではなく，医薬品やスマホを作るのに使われている技術は特許によって保護されているからです。**特許**を取ると，一定期間はその技術を使った財を独占的に販売することができるため，企業は高い利潤を確保することができます。このような「ご褒美」があるから研究開発が促進されるのです。みなさんが毎日持ち歩いているスマホには，10万件にものぼる特許が使われていると言われており，いかに技術が集結したデバイスであるかが分かるかと思います。もし技術が特許で保護されていなかったとしたら今頃はスマホなんて存在しなかったかもしれません。

　2つ目は国家間で協力して関税を引き下げることです。第2章でも紹介したように，自由貿易によって資源がより有効に活用され，人びとはより多くの財・サービスを手に入れることができます。何を輸出して何を輸入するかは比較優位で決まります。関税や政治的な理由で貿易を制限するよりも自由貿易を促進するような政府のもとで，国はより豊かになることができるのです。実際に日本は，環太平洋パートナーシップ（TPP）に加盟したり，シンガポールやメキシコなど多くの国と自由貿易協定（FTA）を結んだりして貿易の自由化を積極的に進めています。

　このほかにも，徴税能力，所有権，知的財産権，民主化度合い，金融システムの発展度合いなど様ざまな要因が生産体制を整えるという意味での技術と関係してきます。ここでは詳しく説明しませんが興味があったらぜひ自分で調べてみてください。

12.6 人口と経済成長

　ここまでは1人当たり実質GDPを上げる方法について紹介してきましたが，労働力の「量」である人口については触れませんでした。人口と1人当たり実質GDPの関係は時代によって異なります。ここでは産業革命前まで遡って，人口と豊かさがどう関係しているかについて見ていきます。

図12.6　1000年から2018年までの人口推移（単位：千人）

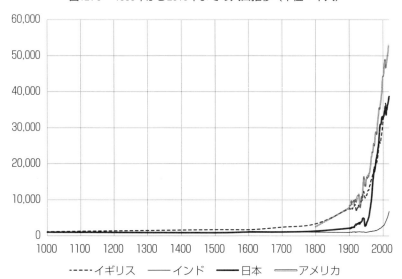

出所：Maddison Project Database, 2020

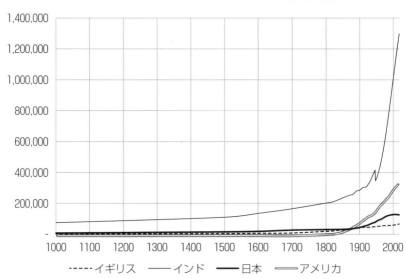

図12.7　1000年から2018年までの1人当たりの実質GDPの推移（単位：USドル）

出所：Maddison Project Database, 2020

　図12.6と図12.7は1000年から2018年までのイギリス，インド，日本，アメリカの人口と1人当たり実質GDPの推移をグラフに表しています。どちらのグラフを見ても1800年代を境に人口と1人当たり実質GDPの増加の傾向が大きく異なっています。人口と1人当たり実質GDPの増加率に着目して，もう少しだけデータを詳しく見ていきましょう。図12.8はイギリスと日本の人口と1人当たり実質GDPの年平均成長率をグラフにしたものです。

　国によって少し傾向は異なりますが，以下では1000年から現在に至るまでを3段階に分け，①人口成長率も1人当たり実質GDP成長率も小さい時期，②1人当たり実質GDP成長率が少し伸び始め，人口成長率がピークに達する時期，③1人当たり実質GDP成長率が人口成長率を大きく上回る時期，の順に人口成長率と1人当たり実質GDP成長率の関連性を見ていきます。

図12.8　イギリス（左）と日本（右）の人口成長率と1人当たり実質GDP成長率（単位：%）

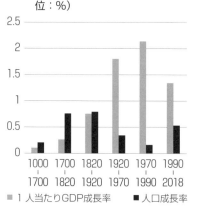

出所：Maddison Project Database, 2020

①　第1段階（産業革命前）

　第1段階は人類の歴史の大部分を占めます。この時代は農耕中心の生活が営まれていて，人口は土地の面積と農業の技術水準によって決まっていました。土地が広いとより多くの農作物を栽培することができ，生存に必要な食糧を確保することができるので人口は多くなります。技術水準が高いと土地当たりの収穫量が増えるので人口密度が高くなります。また，現代のような持続的な技術革新がなかったため，人口は一定水準で落ち着いていました。この時代は1人当たり実質GDPが低水準で留まっていることから分かるように生活水準も低いままでした。例えば，1740年代から1840年代のイギリスの平均寿命は33〜40歳で，1770年代から1850年代までの日本の平均寿命は32〜34歳でした。

　いま，たまたま豊作が続いて生産量が一時的に増えたとしましょう。栄養が摂れて健康になるので住民の生存確率が上昇し人口が増えます。しかし，技術や土地の面積が一定のまま人口だけが増えてしまうと，1人当たりの分け前が減ります。その結果，食糧をめぐる争いが起きたり，栄養不足に陥って健康状態が悪化したりすることで人口が減って元の水準に戻ってしまいます。争いや

自然災害等で人口が減りすぎた場合はどうなるでしょうか。この場合は1人当たりの分け前が増えるので住民の生活水準は上昇し，生存確率も上昇します。やがてもとの水準の人口に戻り，それ以上増えてしまうとまた生存確率が下がって……の繰り返しです。イギリスの経済学者であるトマス・ロバート・マルサスは，人類はこのような貧しい状況を経験し続けるという悲観的な予想を示しました。人口成長と経済成長の停滞から社会が抜け出せないという第1段階のような状況は**マルサスの罠**と呼ばれています。

②　第2段階（産業革命前後）

　産業革命の少し前から技術水準が上昇し第2段階に突入します。技術革新により新しい品種の作物が誕生し，農薬や農業機械のおかげで農業の生産性が向上しました。これまでよりも効率的に農作物を生産することができるようになり，農業に必要な労働力が少なくて済むようになりました。そこで地主は利潤を独り占めしたいと思うようになり，自分の土地から農民を追い出します。追い出された農民は工業に従事することになります。これにより更なる技術革新が可能となったのです。農業の生産性向上のおかげで人びとは十分な栄養を確保することができ，乳児死亡率が下がり，寿命が伸び，これまで停滞していた人口成長率がピークに達します。マルサスの予想を裏切り，技術革新のおかげで人口が大幅に増加したのです。

③　第3段階（現代）

　この時代の特徴は人口成長率が第2段階よりも低下していることにあります。イギリスでは1990年代以降，人口が再び増加していますが，これは移民によるものであり，第2段階の人口増加とは要因が異なります。この時代は，寿命が伸びる一方，出生率の低下により人口成長率が低下します。

　なぜ出生率が低下したのでしょうか。それは子育ての機会費用が大きくなったからです。子育ての機会費用とは「もし子どもを産み育てず，その代わりに仕事を続けていたら得られたであろう所得」を指します。生産性の上昇により

賃金が上がり，女性の社会進出が進んできた現代においては，第２段階に比べて子育ての機会費用は大きくなっています。子どもを持つことの便益は，機会費用ほど大きく変化しないと考えられるので，機会費用の上昇により，子どもを多く持たないことを選択する家計が増えることになります。その結果，人口成長率が減少します。

図12.9　所得グループ別の合計特殊出生率の推移

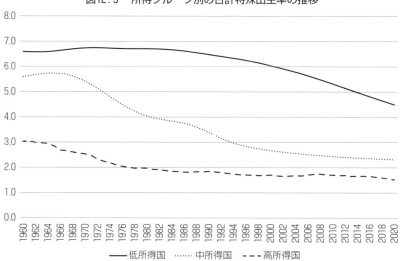

出所：United Nations Population Division. World Population Prospects：2019 Revision.

　図12.9を見てください。図12.9は，1960年から2020年における，所得グループ別の合計特殊出生率の推移をグラフに表したものです。生産性の高い高所得国が最も出生率が低くなっているのが分かります。これは，子育ての機会費用が高いことが原因だと考えられます。また過去から現在までの推移を見ると，どの所得グループでも出生率が低下傾向にあります。すべての所得グループで時間とともに所得が上昇していたことを思い出してください。つまり，出生率が下がったのは，子育ての機会費用が上がったからだと言えそうです。

練習問題

問題1 次の各例は生産性の3つの要因（人的資本，物的資本，技術）のうち，どの要因を直接的に上昇させるか答えなさい。

(1) A社があらゆる感染症に有効なワクチンを開発した。

(2) Bさんはアプリ開発の仕事をするためにコンピュータの専門学校に入学した。

(3) C社は生産効率を上げるために最新のコンピュータを購入した。

(4) D大学がE社と協力して，二酸化炭素を吸収する機械を発明した。

(5) Fさんは将来寿司屋になるために有名寿司職人に弟子入りした。

問題2 オランダのフローニンゲン大学は世界の国々のGDPや人口などのデータベース「Penn World Table」を公表している。「Penn world table」とWebで検索し，最新のPenn World Tableをエクセルファイルでダウンロードしたうえで，韓国，中国，インド，ルワンダ（1960年において1人当たり実質GDPが1000ドル程度）について1960年から最新年までの1人当たり実質GDPをグラフに表しなさい。

問題3 次の文章を読み，内容が正しければ「○」，誤りであれば「×」と答えなさい。

(1) 財政政策を行なうと財・サービスへの需要とともに雇用が増えるので生産性が上昇する。

(2) 各国間の生活水準の違いを説明するのに最も重要な要素は生産性である。

(3) 人的資本は学校だけでなく，就職して社会に出た後に職場でも蓄積することができる。

(4) ある国において貯蓄率が低下したとする。このとき，人的資本や技術水準など他の条件が変わらなければ，貯蓄率が低下した期間において消費と投資が減少する。

(5) 投資を続ければ，将来使える設備を増やし続けることができる。そのため，毎年同じだけ投資すれば，毎年同じだけ豊かさが増える。

(6) 研究開発投資を行なっても物的資本量を直接増やすことはできない。

(7) 医薬品の開発には膨大な時間と費用がかかるので，特許制度を整備したところで研究開発のインセンティブは大きくならない。

(8) マルサスの罠とは日本のような先進国がなかなか高い経済成長率を実現できないような状況を指す。

(9) 資本の少ない国Aと資本の多い国Bがある。どちらの国も同じ量だけ投資を行なえば，経済成長率は同じになる。

(10) 人口成長率も1人当たり実質GDP成長率も小さい時期には，子育ての機会費用が常に大きくなる。

索　　引

著者紹介 （執筆順，＊編者）

岡田　知久 （おかだ　ともひさ）〔第1，2章〕

1981年生まれ。2013年名古屋大学大学院経済学研究科博士後期課程修了（博士（経済学））。帝塚山大学経済学部講師などを経て，現在，大東文化大学経済学部講師。専攻：行動経済学，産業組織論。

（主要著作）

"Third-Degree Price Discrimination with Fairness-Concerned Consumers," *The Manchester School*, vol. 82, No. 6, 2014.（単著）

"Third-Degree Price Discrimination, Consumption Externalities, Market Opening," *Journal of Industry, Competition and Trade*, vol. 13, No. 2, 2013.（共著）

池田　剛士 （いけだ　たけし）＊〔第3，4章〕

1977年生まれ。2006年大阪市立大学大学院経済学研究科後期博士課程修了（博士（経済学））。2006年神戸国際大学経済学部専任講師などを経て，現在，大東文化大学経済学部教授。専攻：産業組織論，流通経済論。

（主要著作）

『産業組織と企業行動』税務経理協会，2021年（単著）

"Optimal Intellectual Property Rights Policy by an Importing Country," *Economics Letters*, vol. 209, 2021.（共著）

橋爪　亮 （はしづめ　りょう）〔第5，6章〕

1988年生まれ。2018年京都大学大学院経済学研究科博士後期課程研究指導認定退学。博士（経済学）。2021年大東文化大学経済学部助教などを経て，現在，阪南大学経済学部准教授。専攻：産業組織論，応用ミクロ経済学。

（主要著作）

"Price Discrimination with Network Effects : Different Welfare Results from Identical Demand Functions," *Economics Bulletin*, vol. 41, No. 3, 2021.（共著）

"Price and Quantity Competition with Network Externalities : Endogenous Choice of Strategic Variables," *The Manchester School*, vol. 88, No. 6, 2020.（共著）

土橋　俊寛（つちはし　としひろ）＊〔第7，10章〕

1978年生まれ。2010年一橋大学大学院経済学研究科博士後期課程修了（博士（経済学））。2010年（財）知的財産研究所特別研究員などを経て，現在，大東文化大学経済学部教授。専攻：ゲーム理論，オークション理論。

（主要著作）

"Reserve Price Signaling in First-Price Auctions with an Uncertain Number of Bidders," *International Journal of Game Theory*, vol. 49, No. 4, 2020.（単著）

『ヤフオク！の経済学』日本評論社，2018年（単著）

菅野　早紀（すがの　さき）〔第8，11章〕

1982年生まれ。2012年東京大学大学院経済学研究科博士課程修了（博士（経済学））。2015年神戸大学大学院経済学研究科講師などを経て，現在，大東文化大学経済学部准教授。専攻：応用ミクロ経済学，社会保障，財政。

（主要著作）

「社会保障政策」『セオリー＆プラクティス経済政策』（柳川隆・永合位行・藤岡秀英（編））有斐閣，2017年（単著）

"The Well-Being of Elderly Survivors after Natural Disasters : Measuring the impact of the Great East Japan Earthquake," *The Japanese Economic Review*, vol. 67, 2016.（単著）

大浦　あすか（おおうら　あすか）〔第9，12章〕

1983年生まれ。2016年大阪大学大学院経済学研究科博士課程単位取得満期退学。博士（経済学）。2016年大東文化大学経済学部助教などを経て，現在，同准教授。専攻：経済成長論，環境経済学。

（主要著作）

"Under-and Over-investment in Education : The Role of Locked-in Fertility," *Journal of Population Economics*, vol. 35, No. 2, 2022.（共著）

"Lethal Effects of Pollution and Economic Growth : Efficiency of Abatement Technology," *The Japanese Economic Review*, vol. 69, No. 2, 2018.（共著）

はじめて学ぶ

ミクロ経済学・マクロ経済学

2023年4月15日　初版発行
2024年6月1日　初版第2刷発行

編著者	池田　剛士			
	土橋　俊寛			
著　者	岡田　知久		菅野　早紀	
	橋爪　亮		大浦　あすか	
発行者	大坪　克行			
発行所	株式会社 税務経理協会			

〒161-0033東京都新宿区下落合1丁目1番3号
http://www.zeikei.co.jp
03-6304-0505

印　刷	光栄印刷株式会社
製　本	牧製本印刷株式会社

本書についての
ご意見・ご感想はコチラ

http://www.zeikei.co.jp/contact/

ISBN 978-4-419-06926-1　C3034

© 池田剛士・土橋俊寛 2023 Printed in Japan